nimm und lies

Der vorliegende Text darf nicht gescannt, kopiert, übersetzt, vervielfältigt, verbreitet oder in anderer Weise ohne Zustimmung des Autors verwendet werden, auch nicht auszugsweise: weder in gedruckter noch elektronischer Form.

Impressum:

edition predigt.archiv
Marcel Hollmann
Rheinstr. 3
64404 Bickenbach
hallo@edition-predigtarchiv.de

ISBN: 978-3-910764-12-5

© 2023 Marcel Hollmann, edition predigt.archiv

Bibeltext der Schlachter
Copyright © 2000 Genfer Bibelgesellschaft
Wiedergegeben mit freundlicher Genehmigung. Alle Rechte vorbehalten.

nimm und lies

Mein persönlicher Bibelbegleiter

Inhaltsverzeichnis

Herzlich Willkommen!	5
Wie dieser Bibel-Begleiter funktioniert	6
Übersicht der Lesekapitel-Einteilung	7
Bibelleseplan für 2 Jahre	8
Biblische Themen untersucht	138
Wichtige Bibelstellen für mich	146
Literaturhinweise und Buchempfehlung	154

> Und früh am Morgen kam er wieder in den Tempel, und alles Volk kam zu ihm; und er setzte sich und lehrte sie.
>
> *Johannes 8,2*

Herzlich Willkommen!

In fast jeder Bibel befindet sich ein kleiner Bibel-Leseplan, mit dem man strukturiert die Bibel von Anfang bis Ende durchlesen kann. Ebenso gibt es thematische Bibel-Lesepläne, die schnell an die wichtigsten Stellen im Alten und Neuen Testament heranführen, so dass man in kurzer Zeit einen groben roten Faden durch die Bibel erkennt. Was ist aber für den Fall, dass du deine Bibel schon einmal durchgelesen hast? Wenn du die Bibel noch mehr in der Tiefe erfassen möchtest, aber gleichzeitig der Elan fehlt, zügig ein ganzes Bibelbuch in der Stillen Zeit durchzulesen?

Durch ein Gespräch mit einem Glaubensbruder bin ich darauf aufmerksam geworden, dass in meiner Schlachter-Bibel noch ein Bibel-Leseplan versteckt ist – ich war mir sicher, dass das nicht sein kann, da ich darin nur einen tabellarischen entdecken konnte. Aber dann fiel mir ein kurzer Absatz auf, wo lediglich in Textform erklärt wurde, wie man seine Bibel auch lesen kann. Chronologisch, aber dennoch mit einer Abwechslung in den Kapitel-Abfolgen, so dass man nicht in einen „Lese-Automatismus" verfällt, wo man gar nicht mehr aufmerksam liest.

In diesem Plan wird das Wort Gottes in 6 Blöcke eingeteilt und man liest jeden Tag 1 Kapitel aus jedem Block. Ist man mit einem Block komplett fertig, beginnt man diesen wieder von vorn. Das Besondere ist: die Blöcke sind unterschiedlich lang. Das bedeutet, dass man im Fortschritt des Lesens immer wieder andere Kapitel in Verbindung liest. Durch diese neue Lese-Methode habe ich eine ungeahnte Freude im Bibelstudium erhalten. Denn selbst, wenn man gerade im Alten Testament an einem schwierigen Kapitel arbeitet, freut man sich schon auf das gleich folgende Kapitel aus den Evangelien. Dieser Bibelbegleiter soll dir dabei helfen, den Überblick über deinen Lese-Fortschritt zu behalten und es gleichzeitig ermöglichen, dass du all die neuen Erkenntnisse, die du beim Lesen gewinnst, festhalten kannst.

Dabei wünsche ich dir viel Freude und Gottes Segen,

Marcel

Dein persönlicher Bibelbegleiter

Dieses Buch besteht aus mehreren Abschnitten, die dich in deinem persönlichen Bibelstudium unterstützen. Hier erhältst du alle notwendigen Informationen, wie du das Optimum aus deinem persönlichen Bibelbegleiter herausholst:

1. Auf der rechten Seite findest du eine Erklärung über die einzelnen Leseblöcke, die dich erwarten. Auf jeder Seite des Bibelleseplans hast du zusätzlich die Möglichkeit dir Notizen und Gedanken zu den gelesenen Kapiteln direkt zu notieren. Ebenso kannst du dort markieren, welche Kapitel du schon gelesen hast. Wenn ein Block fertig ist und wieder von vorn beginnt, siehst du das anhand einer Markierung (4 Kapitel sind hier im Beispiel schon gelesen):

| 3. Mose 27 | x | 1. Chronik 15 | x | Psalm 117 | x | Jeremia 51 | x | Apg 28 | | 1. Johannes 4 |
| 4. Mose 1 | | 1. Chronik 16 | | Psalm 118 | | Jeremia 52 | | Matthäus 1 | | 1. Johannes 5 |

2. Ein Teil des Buches bietet dir die Möglichkeit, Bibelstellen zu notieren, die dir beim Lesen der Bibel wichtig geworden sind. Ebenso kannst du festhalten, warum dies so ist. Hier zeige ich dir ein Beispiel:

Bibelstelle	Notizen und Gedanken zu dieser Bibelstelle
Titus 1,1	Erkenntnis der Wahrheit = Gottesfurcht!
Jeremia 50,20	Gott wird dem Überrest Israels vergeben

3. In einem weiteren Teil des Buches hast du die Möglichkeit, verschiedene Themen durch die Bibel hinweg zu studieren und dir passende Bibelverse dazu festzuhalten. Welche Themen? Das bestimmst du. Aber ich zeige dir auch hierfür ein Beispiel:

Thema	Bibelstellen, die zum Thema gehören
Gott schweigt	Hiob 32,1 - Jesaja 57,11 - Matthäus 26,63 - Hiob 35,12 Psalm 50,21 - Micha 3,4

4. Die einzelnen Bibelleseplan-Seiten umfassen immer 4 Wochen, die dann zu 1 Monat zusammengefasst sind (auch wenn es nicht ganz ein Monat ist). Am Ende jedes Monats hast du die Möglichkeit, diesen anhand einer Checkliste nochmal Revue passieren zu lassen.

Kapitelübersicht

So arbeitest du mit den 6 Leseblöcken, die du hier in der Übersicht aufgelistet siehst: Insgesamt liest du jeden Tag je 1 Kapitel aus jedem dieser Blöcke. Im Bibelleseplan kannst du hinter jedem Kapitel in einer Spalte eine Markierung machen, wenn du es gelesen hast. Auf der nächsten Seite beginnt der Plan, also blättere ruhig mal um, um dich damit vertraut zu machen!

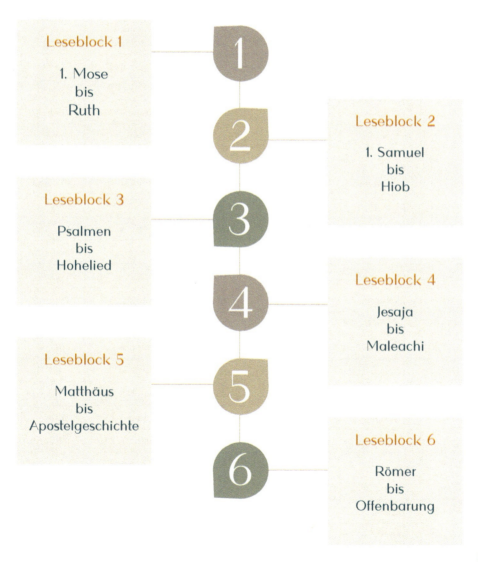

Leseblock 1

1. Mose
bis
Ruth

Leseblock 2

1. Samuel
bis
Hiob

Leseblock 3

Psalmen
bis
Hohelied

Leseblock 4

Jesaja
bis
Maleachi

Leseblock 5

Matthäus
bis
Apostelgeschichte

Leseblock 6

Römer
bis
Offenbarung

Bibelleseplan

Kapitel 1	Kapitel 2	Kapitel 3	Kapitel 4	Kapitel 5	Kapitel 6
1. Mose 1	1. Samuel 1	Psalm 1	Jesaja 1	Matthäus 1	Römer 1
1. Mose 2	1. Samuel 2	Psalm 2	Jesaja 2	Matthäus 2	Römer 2
1. Mose 3	1. Samuel 3	Psalm 3	Jesaja 3	Matthäus 3	Römer 3
1. Mose 4	1. Samuel 4	Psalm 4	Jesaja 4	Matthäus 4	Römer 4
1. Mose 5	1. Samuel 5	Psalm 5	Jesaja 5	Matthäus 5	Römer 5
1. Mose 6	1. Samuel 6	Psalm 6	Jesaja 6	Matthäus 6	Römer 6
1. Mose 7	1. Samuel 7	Psalm 7	Jesaja 7	Matthäus 7	Römer 7
1. Mose 8	1. Samuel 8	Psalm 8	Jesaja 8	Matthäus 8	Römer 8
1. Mose 9	1. Samuel 9	Psalm 9	Jesaja 9	Matthäus 9	Römer 9
1. Mose 10	1. Samuel 10	Psalm 10	Jesaja 10	Matthäus 10	Römer 10
1. Mose 11	1. Samuel 11	Psalm 11	Jesaja 11	Matthäus 11	Römer 11
1. Mose 12	1. Samuel 12	Psalm 12	Jesaja 12	Matthäus 12	Römer 12
1. Mose 13	1. Samuel 13	Psalm 13	Jesaja 13	Matthäus 13	Römer 13
1. Mose 14	1. Samuel 14	Psalm 14	Jesaja 14	Matthäus 14	Römer 14
1. Mose 15	1. Samuel 15	Psalm 15	Jesaja 15	Matthäus 15	Römer 15
1. Mose 16	1. Samuel 16	Psalm 16	Jesaja 16	Matthäus 16	Römer 16
1. Mose 17	1. Samuel 17	Psalm 17	Jesaja 17	Matthäus 17	1. Kor 1
1. Mose 18	1. Samuel 18	Psalm 18	Jesaja 18	Matthäus 18	1. Kor 2
1. Mose 19	1. Samuel 19	Psalm 19	Jesaja 19	Matthäus 19	1. Kor 3
1. Mose 20	1. Samuel 20	Psalm 20	Jesaja 20	Matthäus 20	1. Kor 4
1. Mose 21	1. Samuel 21	Psalm 21	Jesaja 21	Matthäus 21	1. Kor 5
1. Mose 22	1. Samuel 22	Psalm 22	Jesaja 22	Matthäus 22	1. Kor 6
1. Mose 23	1. Samuel 23	Psalm 23	Jesaja 23	Matthäus 23	1. Kor 7
1. Mose 24	1. Samuel 24	Psalm 24	Jesaja 24	Matthäus 24	1. Kor 8
1. Mose 25	1. Samuel 25	Psalm 25	Jesaja 25	Matthäus 25	1. Kor 9
1. Mose 26	1. Samuel 26	Psalm 26	Jesaja 26	Matthäus 26	1. Kor 10
1. Mose 27	1. Samuel 27	Psalm 27	Jesaja 27	Matthäus 27	1. Kor 11
1. Mose 28	1. Samuel 28	Psalm 28	Jesaja 28	Matthäus 28	1. Kor 12

Notizen und Gedanken

Mein geistlicher Monats-Check

Täglich Bibel gelesen:	1	2	3	4	5	6	7	8	9	10
Tägliche Gebetszeit:	1	2	3	4	5	6	7	8	9	10
Gottesdienst-Besuche:	1	2	3	4	5	6	7	8	9	10
Bibelstunden-Besuche:	1	2	3	4	5	6	7	8	9	10
Hilfe für Geschwister:	1	2	3	4	5	6	7	8	9	10
Dienste in der Gemeinde:	1	2	3	4	5	6	7	8	9	10
Zeugnis für Jesus gegeben:	1	2	3	4	5	6	7	8	9	10
Anfechtungen ertragen:	1	2	3	4	5	6	7	8	9	10
Bitten:	1	2	3	4	5	6	7	8	9	10
Danken:	1	2	3	4	5	6	7	8	9	10
Neue geistliche Erkenntnisse:	1	2	3	4	5	6	7	8	9	10
Ablenkungen nachgegangen:	1	2	3	4	5	6	7	8	9	10

Wofür ich diesen Monat dankbar bin

_____
_____
_____
_____
_____
_____
_____

Das verhindert, dass ich Bibel lese

Gebetsanliegen und -erhörungen

Notizen zu diesem Monat

Bibelleseplan

Kapitel 1	Kapitel 2	Kapitel 3	Kapitel 4	Kapitel 5	Kapitel 6
1. Mose 29	1. Samuel 29	Psalm 29	Jesaja 29	Markus 1	1. Kor 13
1. Mose 30	1. Samuel 30	Psalm 30	Jesaja 30	Markus 2	1. Kor 14
1. Mose 31	1. Samuel 31	Psalm 31	Jesaja 31	Markus 3	1. Kor 15
1. Mose 32	2. Samuel 1	Psalm 32	Jesaja 32	Markus 4	1. Kor 16
1. Mose 33	2. Samuel 2	Psalm 33	Jesaja 33	Markus 5	2. Kor 1
1. Mose 34	2. Samuel 3	Psalm 34	Jesaja 34	Markus 6	2. Kor 2
1. Mose 35	2. Samuel 4	Psalm 35	Jesaja 35	Markus 7	2. Kor 3
1. Mose 36	2. Samuel 5	Psalm 36	Jesaja 36	Markus 8	2. Kor 4
1. Mose 37	2. Samuel 6	Psalm 37	Jesaja 37	Markus 9	2. Kor 5
1. Mose 38	2. Samuel 7	Psalm 38	Jesaja 38	Markus 10	2. Kor 6
1. Mose 39	2. Samuel 8	Psalm 39	Jesaja 39	Markus 11	2. Kor 7
1. Mose 40	2. Samuel 9	Psalm 40	Jesaja 40	Markus 12	2. Kor 8
1. Mose 41	2. Samuel 10	Psalm 41	Jesaja 41	Markus 13	2. Kor 9
1. Mose 42	2. Samuel 11	Psalm 42	Jesaja 42	Markus 14	2. Kor 10
1. Mose 43	2. Samuel 12	Psalm 43	Jesaja 43	Markus 15	2. Kor 11
1. Mose 44	2. Samuel 13	Psalm 44	Jesaja 44	Markus 16	2. Kor 12
1. Mose 45	2. Samuel 14	Psalm 45	Jesaja 45	Lukas 1	2. Kor 13
1. Mose 46	2. Samuel 15	Psalm 46	Jesaja 46	Lukas 2	Galater 1
1. Mose 47	2. Samuel 16	Psalm 47	Jesaja 47	Lukas 3	Galater 2
1. Mose 48	2. Samuel 17	Psalm 48	Jesaja 48	Lukas 4	Galater 3
1. Mose 49	2. Samuel 18	Psalm 49	Jesaja 49	Lukas 5	Galater 4
1. Mose 50	2. Samuel 19	Psalm 50	Jesaja 50	Lukas 6	Galater 5
2. Mose 1	2. Samuel 20	Psalm 51	Jesaja 51	Lukas 7	Galater 6
2. Mose 2	2. Samuel 21	Psalm 52	Jesaja 52	Lukas 8	Epheser 1
2. Mose 3	2. Samuel 22	Psalm 53	Jesaja 53	Lukas 9	Epheser 2
2. Mose 4	2. Samuel 23	Psalm 54	Jesaja 54	Lukas 10	Epheser 3
2. Mose 5	2. Samuel 24	Psalm 55	Jesaja 55	Lukas 11	Epheser 4
2. Mose 6	1. Könige 1	Psalm 56	Jesaja 56	Lukas 12	Epheser 5

Notizen und Gedanken

Mein geistlicher Monats-Check

Täglich Bibel gelesen:	1	2	3	4	5	6	7	8	9	10
Tägliche Gebetszeit:	1	2	3	4	5	6	7	8	9	10
Gottesdienst-Besuche:	1	2	3	4	5	6	7	8	9	10
Bibelstunden-Besuche:	1	2	3	4	5	6	7	8	9	10
Hilfe für Geschwister:	1	2	3	4	5	6	7	8	9	10
Dienste in der Gemeinde:	1	2	3	4	5	6	7	8	9	10
Zeugnis für Jesus gegeben:	1	2	3	4	5	6	7	8	9	10
Anfechtungen ertragen:	1	2	3	4	5	6	7	8	9	10
Bitten:	1	2	3	4	5	6	7	8	9	10
Danken:	1	2	3	4	5	6	7	8	9	10
Neue geistliche Erkenntnisse:	1	2	3	4	5	6	7	8	9	10
Ablenkungen nachgegangen:	1	2	3	4	5	6	7	8	9	10

Wofür ich diesen Monat dankbar bin

_____
_____
_____
_____
_____
_____
_____

Wie kann ich Christus ähnlicher werden

Gebetsanliegen und -erhörungen

Gedanken zu diesem Monat

Heilige sie in deiner
Wahrheit!
Dein Wort ist Wahrheit.

Johannes 17,17

Die wunderbare Geschichte der Bibel

Die Bibel hat eine wunderbare Geschichte. Man hat oft versucht, dieses Buch mit Gewalt zu vernichten. Tausende von Menschen sind gemartert, qualvoll getötet oder verbrannt, weil sie dieses Buch verbreiteten, lasen oder im Besitz des Buches waren. Man hat Tausende und Abertausende von Exemplaren der Bibel verbrannt.

Keinem Buch ist so oft widersprochen worden, wie diesem. Die Bücher, welche in allen Kultursprachen gegen die Bibel geschrieben wurden, gehen in die Tausende. Zeitschriften und Zeitungen bekämpften oder verspotteten die Heilige Schrift. Professoren und Gelehrte, ganze Hochschulen, naturwissenschaftliche, philosophische Systeme bemühen sich, zu beweisen, dass die Bibel weder wahr ist, noch Gottes Wort.

Was ist der Erfolg all dieser Mühen und verzweifelten Anstrengungen? Millionen gläubiger Christen bekennen heute nicht nur die Wahrheit der Bibel aus der Erfahrung ihres Lebens, nein, sie rühmen laut, dass die Bibel das einzige Licht der Wahrheit inmitten der Finsternis menschlicher Meinungen und Irrtümer ist.

Tausende haben in vergangenen Jahrhunderten wie in den gegenwärtigen Tagen auch, Leben, Besitz, Familie, Rang und Ehre geopfert, weil sie die Wahrheit der Bibel bezeugten.

Bibelleseplan

Kapitel 1	Kapitel 2	Kapitel 3	Kapitel 4	Kapitel 5	Kapitel 6
2. Mose 7	1. Könige 2	Psalm 57	Jesaja 57	Lukas 13	Epheser 6
2. Mose 8	1. Könige 3	Psalm 58	Jesaja 58	Lukas 14	Philipper 1
2. Mose 9	1. Könige 4	Psalm 59	Jesaja 59	Lukas 15	Philipper 2
2. Mose 10	1. Könige 5	Psalm 60	Jesaja 60	Lukas 16	Philipper 3
2. Mose 11	1. Könige 6	Psalm 61	Jesaja 61	Lukas 17	Philipper 4
2. Mose 12	1. Könige 7	Psalm 62	Jesaja 62	Lukas 18	Kolosser 1
2. Mose 13	1. Könige 8	Psalm 63	Jesaja 63	Lukas 19	Kolosser 2
2. Mose 14	1. Könige 9	Psalm 64	Jesaja 64	Lukas 20	Kolosser 3
2. Mose 15	1. Könige 10	Psalm 65	Jesaja 65	Lukas 21	Kolosser 4
2. Mose 16	1. Könige 11	Psalm 66	Jesaja 66	Lukas 22	1. Thess 1
2. Mose 17	1. Könige 12	Psalm 67	Jeremia 1	Lukas 23	1. Thess 2
2. Mose 18	1. Könige 13	Psalm 68	Jeremia 2	Lukas 24	1. Thess 3
2. Mose 19	1. Könige 14	Psalm 69	Jeremia 3	Johannes 1	1. Thess 4
2. Mose 20	1. Könige 15	Psalm 70	Jeremia 4	Johannes 2	1. Thess 5
2. Mose 21	1. Könige 16	Psalm 71	Jeremia 5	Johannes 3	2. Thess 1
2. Mose 22	1. Könige 17	Psalm 72	Jeremia 6	Johannes 4	2. Thess 2
2. Mose 23	1. Könige 18	Psalm 73	Jeremia 7	Johannes 5	2. Thess 3
2. Mose 24	1. Könige 19	Psalm 74	Jeremia 8	Johannes 6	1. Tim 1
2. Mose 25	1. Könige 20	Psalm 75	Jeremia 9	Johannes 7	1. Tim 2
2. Mose 26	1. Könige 21	Psalm 76	Jeremia 10	Johannes 8	1. Tim 3
2. Mose 27	1. Könige 22	Psalm 77	Jeremia 11	Johannes 9	1. Tim 4
2. Mose 28	2. Könige 1	Psalm 78	Jeremia 12	Johannes 10	1. Tim 5
2. Mose 29	2. Könige 2	Psalm 79	Jeremia 13	Johannes 11	1. Tim 6
2. Mose 30	2. Könige 3	Psalm 80	Jeremia 14	Johannes 12	2. Tim 1
2. Mose 31	2. Könige 4	Psalm 81	Jeremia 15	Johannes 13	2. Tim 2
2. Mose 32	2. Könige 5	Psalm 82	Jeremia 16	Johannes 14	2. Tim 3
2. Mose 33	2. Könige 6	Psalm 83	Jeremia 17	Johannes 15	2. Tim 4
2. Mose 34	2. Könige 7	Psalm 84	Jeremia 18	Johannes 16	Titus 1

Notizen und Gedanken

Mein geistlicher Monats-Check

Täglich Bibel gelesen:	1	2	3	4	5	6	7	8	9	10
Tägliche Gebetszeit:	1	2	3	4	5	6	7	8	9	10
Gottesdienst-Besuche:	1	2	3	4	5	6	7	8	9	10
Bibelstunden-Besuche:	1	2	3	4	5	6	7	8	9	10
Hilfe für Geschwister:	1	2	3	4	5	6	7	8	9	10
Dienste in der Gemeinde:	1	2	3	4	5	6	7	8	9	10
Zeugnis für Jesus gegeben:	1	2	3	4	5	6	7	8	9	10
Anfechtungen ertragen:	1	2	3	4	5	6	7	8	9	10
Bitten:	1	2	3	4	5	6	7	8	9	10
Danken:	1	2	3	4	5	6	7	8	9	10
Neue geistliche Erkenntnisse:	1	2	3	4	5	6	7	8	9	10
Ablenkungen nachgegangen:	1	2	3	4	5	6	7	8	9	10

Wofür ich diesen Monat dankbar bin

_____
_____
_____
_____
_____
_____
_____

Darin bin ich geistlich gewachsen

Gebetsanliegen und -erhörungen

Notizen zu diesem Monat

Bibelleseplan

Kapitel 1	Kapitel 2	Kapitel 3	Kapitel 4	Kapitel 5	Kapitel 6
2. Mose 35	2. Könige 8	Psalm 85	Jeremia 19	Johannes 17	Titus 2
2. Mose 36	2. Könige 9	Psalm 86	Jeremia 20	Johannes 18	Titus 3
2. Mose 37	2. Könige 10	Psalm 87	Jeremia 21	Johannes 19	Philemon
2. Mose 38	2. Könige 11	Psalm 88	Jeremia 22	Johannes 20	Hebräer 1
2. Mose 39	2. Könige 12	Psalm 89	Jeremia 23	Johannes 21	Hebräer 2
2. Mose 40	2. Könige 13	Psalm 90	Jeremia 24	Apg 1	Hebräer 3
3. Mose 1	2. Könige 14	Psalm 91	Jeremia 25	Apg 2	Hebräer 4
3. Mose 2	2. Könige 15	Psalm 92	Jeremia 26	Apg 3	Hebräer 5
3. Mose 3	2. Könige 16	Psalm 93	Jeremia 27	Apg 4	Hebräer 6
3. Mose 4	2. Könige 17	Psalm 94	Jeremia 28	Apg 5	Hebräer 7
3. Mose 5	2. Könige 18	Psalm 95	Jeremia 29	Apg 6	Hebräer 8
3. Mose 6	2. Könige 19	Psalm 96	Jeremia 30	Apg 7	Hebräer 9
3. Mose 7	2. Könige 20	Psalm 97	Jeremia 31	Apg 8	Hebräer 10
3. Mose 8	2. Könige 21	Psalm 98	Jeremia 32	Apg 9	Hebräer 11
3. Mose 9	2. Könige 22	Psalm 99	Jeremia 33	Apg 10	Hebräer 12
3. Mose 10	2. Könige 23	Psalm 100	Jeremia 34	Apg 11	Hebräer 13
3. Mose 11	2. Könige 24	Psalm 101	Jeremia 35	Apg 12	Jakobus 1
3. Mose 12	2. Könige 25	Psalm 102	Jeremia 36	Apg 13	Jakobus 2
3. Mose 13	1. Chronik 1	Psalm 103	Jeremia 37	Apg 14	Jakobus 3
3. Mose 14	1. Chronik 2	Psalm 104	Jeremia 38	Apg 15	Jakobus 4
3. Mose 15	1. Chronik 3	Psalm 105	Jeremia 39	Apg 16	Jakobus 5
3. Mose 16	1. Chronik 4	Psalm 106	Jeremia 40	Apg 17	1. Petrus 1
3. Mose 17	1. Chronik 5	Psalm 107	Jeremia 41	Apg 18	1. Petrus 2
3. Mose 18	1. Chronik 6	Psalm 108	Jeremia 42	Apg 19	1. Petrus 3
3. Mose 19	1. Chronik 7	Psalm 109	Jeremia 43	Apg 20	1. Petrus 4
3. Mose 20	1. Chronik 8	Psalm 110	Jeremia 44	Apg 21	1. Petrus 5
3. Mose 21	1. Chronik 9	Psalm 111	Jeremia 45	Apg 22	2. Petrus 1
3. Mose 22	1. Chronik 10	Psalm 112	Jeremia 46	Apg 23	2. Petrus 2

Notizen und Gedanken

Mein geistlicher Monats-Check

Täglich Bibel gelesen:	1	2	3	4	5	6	7	8	9	10
Tägliche Gebetszeit:	1	2	3	4	5	6	7	8	9	10
Gottesdienst-Besuche:	1	2	3	4	5	6	7	8	9	10
Bibelstunden-Besuche:	1	2	3	4	5	6	7	8	9	10
Hilfe für Geschwister:	1	2	3	4	5	6	7	8	9	10
Dienste in der Gemeinde:	1	2	3	4	5	6	7	8	9	10
Zeugnis für Jesus gegeben:	1	2	3	4	5	6	7	8	9	10
Anfechtungen ertragen:	1	2	3	4	5	6	7	8	9	10
Bitten:	1	2	3	4	5	6	7	8	9	10
Danken:	1	2	3	4	5	6	7	8	9	10
Neue geistliche Erkenntnisse:	1	2	3	4	5	6	7	8	9	10
Ablenkungen nachgegangen:	1	2	3	4	5	6	7	8	9	10

Wofür ich diesen Monat dankbar bin

_____
_____
_____
_____
_____
_____
_____

Diese Anfechtungen habe ich erlebt

Gebetsanliegen und -erhörungen

Biblische Fragen die mich beschäftigt haben

Wohl dem, der nicht wandelt nach dem Rat der Gottlosen, noch tritt auf den Weg der Sünder, noch sitzt, wo die Spötter sitzen.

Psalm 1,1

Heinrich Heine über die Bibel

Aus der Bibel quellen Ströme des Lebens und Segens selbst in ein Herz, das von Sünde und Gottesfeindschaft verwüstet war. Solch ein Leben hatte der berühmte, hochbegabte und hochgebildete Dichter Heine (1799 - 1856) hinter sich. Ein Leben voll Fluch und Unsittlichkeit und des lästerlichen Spottes über alles Heilige. In seinem 47. Lebensjahr bekam er ein Rückenmarksleiden. Er merkte, dass die Sünde seine Lebenskraft verzehrt hatte. Da begann er das Wort Gottes zu lesen. Nun höre, was er selbst darüber sagt:

„Ich habe mich in meinem jüngsten Buch über die Umwandlung ausgesprochen, die in Bezug auf göttliche Dinge in meinem Geist stattgefunden haben. Ich verdanke meine Erleuchtung ganz einfach der Lektüre eines Buches. Eines Buches? Ja, und es ist ein altes, schlichtes Buch, bescheiden wie die Natur, auch natürlich wie sie. Ein Buch, das gewöhnlich und anspruchslos aussieht. Wie die Sonne, die uns täglich wärmt, wie das Brot, das uns täglich nährt; ein Buch, das uns so vertrauensvoll, so segnend und gütig anblickt, wie eine alte Frau, die auch täglich in dem Buch liest - mit den lieben bebenden Lippen und mit der Brille auf der Nase. Dieses Buch nennt sich ganz kurz „das Buch", die Bibel. Mit Recht nennt man diese auch die Heilige Schrift. Wer seinen Gott verloren hat, der kann Ihn in diesem Buch wiederfinden. Und wer Ihn nie gekannt hat, dem weht hier der Odem des göttlichen Lebens entgegen."

Vor seiner Bekehrung gehörte der Dichter Heinrich Heine zu den stärksten Spöttern. Dieser viel bewunderte, geistreiche Mann, der von vielen Feinden der Bibel als ein Zeuge dafür angeführt wurde, dass kluge Menschen die Weisheit der Bibel nicht brauchen, fand am Ende seines Lebens den Weg zu Gott und schrieb folgende Worte über die Bibel:

„Welch ein Buch! Mächtig und weit wie die Welt, wurzelnd in den Abgründen der Ewigkeit und hinaufragend in die blauen Geheimnisse des Himmels, Sonnenaufgang und Sonnenuntergang, Prophetie und Erfüllung, Geburt und Tod, das ganze Drama der Menschheit, alles ist in diesem Buch."

Bibelleseplan

Kapitel 1	Kapitel 2	Kapitel 3	Kapitel 4	Kapitel 5	Kapitel 6
3. Mose 23	1. Chronik 11	Psalm 113	Jeremia 47	Apg 24	2. Petrus 3
3. Mose 24	1. Chronik 12	Psalm 114	Jeremia 48	Apg 25	1. Johannes 1
3. Mose 25	1. Chronik 13	Psalm 115	Jeremia 49	Apg 26	1. Johannes 2
3. Mose 26	1. Chronik 14	Psalm 116	Jeremia 50	Apg 27	1. Johannes 3
3. Mose 27	1. Chronik 15	Psalm 117	Jeremia 51	Apg 28	1. Johannes 4
4. Mose 1	1. Chronik 16	Psalm 118	Jeremia 52	Matthäus 1	1. Johannes 5
4. Mose 2	1. Chronik 17	Psalm 119	Klagelieder 1	Matthäus 2	2. Johannes
4. Mose 3	1. Chronik 18	Psalm 120	Klagelieder 2	Matthäus 3	3. Johannes
4. Mose 4	1. Chronik 19	Psalm 121	Klagelieder 3	Matthäus 4	Judas
4. Mose 5	1. Chronik 20	Psalm 122	Klagelieder 4	Matthäus 5	Offb 1
4. Mose 6	1. Chronik 21	Psalm 123	Klagelieder 5	Matthäus 6	Offb 2
4. Mose 7	1. Chronik 22	Psalm 124	Hesekiel 1	Matthäus 7	Offb 3
4. Mose 8	1. Chronik 23	Psalm 125	Hesekiel 2	Matthäus 8	Offb 4
4. Mose 9	1. Chronik 24	Psalm 126	Hesekiel 3	Matthäus 9	Offb 5
4. Mose 10	1. Chronik 25	Psalm 127	Hesekiel 4	Matthäus 10	Offb 6
4. Mose 11	1. Chronik 26	Psalm 128	Hesekiel 5	Matthäus 11	Offb 7
4. Mose 12	1. Chronik 27	Psalm 129	Hesekiel 6	Matthäus 12	Offb 8
4. Mose 13	1. Chronik 28	Psalm 130	Hesekiel 7	Matthäus 13	Offb 9
4. Mose 14	1. Chronik 29	Psalm 131	Hesekiel 8	Matthäus 14	Offb 10
4. Mose 15	2. Chronik 1	Psalm 132	Hesekiel 9	Matthäus 15	Offb 11
4. Mose 16	2. Chronik 2	Psalm 133	Hesekiel 10	Matthäus 16	Offb 12
4. Mose 17	2. Chronik 3	Psalm 134	Hesekiel 11	Matthäus 17	Offb 13
4. Mose 18	2. Chronik 4	Psalm 135	Hesekiel 12	Matthäus 18	Offb 14
4. Mose 19	2. Chronik 5	Psalm 136	Hesekiel 13	Matthäus 19	Offb 15
4. Mose 20	2. Chronik 6	Psalm 137	Hesekiel 14	Matthäus 20	Offb 16
4. Mose 21	2. Chronik 7	Psalm 138	Hesekiel 15	Matthäus 21	Offb 17
4. Mose 22	2. Chronik 8	Psalm 139	Hesekiel 16	Matthäus 22	Offb 18
4. Mose 23	2. Chronik 9	Psalm 140	Hesekiel 17	Matthäus 23	Offb 19

Notizen und Gedanken

Mein geistlicher Monats-Check

Täglich Bibel gelesen:	1	2	3	4	5	6	7	8	9	10
Tägliche Gebetszeit:	1	2	3	4	5	6	7	8	9	10
Gottesdienst-Besuche:	1	2	3	4	5	6	7	8	9	10
Bibelstunden-Besuche:	1	2	3	4	5	6	7	8	9	10
Hilfe für Geschwister:	1	2	3	4	5	6	7	8	9	10
Dienste in der Gemeinde:	1	2	3	4	5	6	7	8	9	10
Zeugnis für Jesus gegeben:	1	2	3	4	5	6	7	8	9	10
Anfechtungen ertragen:	1	2	3	4	5	6	7	8	9	10
Bitten:	1	2	3	4	5	6	7	8	9	10
Danken:	1	2	3	4	5	6	7	8	9	10
Neue geistliche Erkenntnisse:	1	2	3	4	5	6	7	8	9	10
Ablenkungen nachgegangen:	1	2	3	4	5	6	7	8	9	10

Wofür ich diesen Monat dankbar bin

_____
_____
_____
_____
_____
_____

Dieses Zeugnis hat mich bewegt

Gebetsanliegen und -erhörungen

Notizen zu diesem Monat

Bibelleseplan

Kapitel 1	Kapitel 2	Kapitel 3	Kapitel 4	Kapitel 5	Kapitel 6
4. Mose 24	2. Chronik 10	Psalm 141	Hesekiel 18	Matthäus 24	Offb 20
4. Mose 25	2. Chronik 11	Psalm 142	Hesekiel 19	Matthäus 25	Offb 21
4. Mose 26	2. Chronik 12	Psalm 143	Hesekiel 20	Matthäus 26	Offb 22
4. Mose 27	2. Chronik 13	Psalm 144	Hesekiel 21	Matthäus 27	Römer 1
4. Mose 28	2. Chronik 14	Psalm 145	Hesekiel 22	Matthäus 28	Römer 2
4. Mose 29	2. Chronik 15	Psalm 146	Hesekiel 23	Markus 1	Römer 3
4. Mose 30	2. Chronik 16	Psalm 147	Hesekiel 24	Markus 2	Römer 4
4. Mose 31	2. Chronik 17	Psalm 148	Hesekiel 25	Markus 3	Römer 5
4. Mose 32	2. Chronik 18	Psalm 149	Hesekiel 26	Markus 4	Römer 6
4. Mose 33	2. Chronik 19	Psalm 150	Hesekiel 27	Markus 5	Römer 7
4. Mose 34	2. Chronik 20	Sprüche 1	Hesekiel 28	Markus 6	Römer 8
4. Mose 35	2. Chronik 21	Sprüche 2	Hesekiel 29	Markus 7	Römer 9
4. Mose 36	2. Chronik 22	Sprüche 3	Hesekiel 30	Markus 8	Römer 10
5. Mose 1	2. Chronik 23	Sprüche 4	Hesekiel 31	Markus 9	Römer 11
5. Mose 2	2. Chronik 24	Sprüche 5	Hesekiel 32	Markus 10	Römer 12
5. Mose 3	2. Chronik 25	Sprüche 6	Hesekiel 33	Markus 11	Römer 13
5. Mose 4	2. Chronik 26	Sprüche 7	Hesekiel 34	Markus 12	Römer 14
5. Mose 5	2. Chronik 27	Sprüche 8	Hesekiel 35	Markus 13	Römer 15
5. Mose 6	2. Chronik 28	Sprüche 9	Hesekiel 36	Markus 14	Römer 16
5. Mose 7	2. Chronik 29	Sprüche 10	Hesekiel 37	Markus 15	1. Kor 1
5. Mose 8	2. Chronik 30	Sprüche 11	Hesekiel 38	Markus 16	1. Kor 2
5. Mose 9	2. Chronik 31	Sprüche 12	Hesekiel 39	Lukas 1	1. Kor 3
5. Mose 10	2. Chronik 32	Sprüche 13	Hesekiel 40	Lukas 2	1. Kor 4
5. Mose 11	2. Chronik 33	Sprüche 14	Hesekiel 41	Lukas 3	1. Kor 5
5. Mose 12	2. Chronik 34	Sprüche 15	Hesekiel 42	Lukas 4	1. Kor 6
5. Mose 13	2. Chronik 35	Sprüche 16	Hesekiel 43	Lukas 5	1. Kor 7
5. Mose 14	2. Chronik 36	Sprüche 17	Hesekiel 44	Lukas 6	1. Kor 8
5. Mose 15	Esra 1	Sprüche 18	Hesekiel 45	Lukas 7	1. Kor 9

Notizen und Gedanken

Mein geistlicher Monats-Check

Täglich Bibel gelesen:	1	2	3	4	5	6	7	8	9	10
Tägliche Gebetszeit:	1	2	3	4	5	6	7	8	9	10
Gottesdienst-Besuche:	1	2	3	4	5	6	7	8	9	10
Bibelstunden-Besuche:	1	2	3	4	5	6	7	8	9	10
Hilfe für Geschwister:	1	2	3	4	5	6	7	8	9	10
Dienste in der Gemeinde:	1	2	3	4	5	6	7	8	9	10
Zeugnis für Jesus gegeben:	1	2	3	4	5	6	7	8	9	10
Anfechtungen ertragen:	1	2	3	4	5	6	7	8	9	10
Bitten:	1	2	3	4	5	6	7	8	9	10
Danken:	1	2	3	4	5	6	7	8	9	10
Neue geistliche Erkenntnisse:	1	2	3	4	5	6	7	8	9	10
Ablenkungen nachgegangen:	1	2	3	4	5	6	7	8	9	10

Wofür ich diesen Monat dankbar bin

_____
_____
_____
_____
_____
_____

Gottes Wegweisungen für mich

Gebetsanliegen und -erhörungen

Notizen zu diesem Monat

Darum legt die Lüge ab und redet die Wahrheit, jeder mit seinem nächsten, denn wir sind untereinander Glieder.

Epheser 4,25

Der wahrheitsliebende Schäfer

Ein junger Christ befand sich als Rekrut auf dem Weg nach S. im Elsass, wo er bei einem Regiment 3 Jahre dienen sollte. Unterwegs fragte ihn einer der anderen Rekruten nach seinem Beruf. Als dieser hörte, dass er Schäfer sei, sagte er: „Das darfst du nicht sagen, sonst wirst du bei jeder Kleinigkeit hören: Der dumme Schäfer, gerade so unbeholfen wie seine Schafe!" Mit solchen und anderen Worten versuchte der neue Kamerad den Schäfer-Rekruten zur Lüge zu verleiten. Er ahnte nicht, wie schwere Kämpfe er dem jungen Christen bereitete, welcher immer wieder eine Stimme in seinem Inneren hörte: „Bleibe bei der Wahrheit!" Unter solchem Zwiespalt war er in S. angekommen. Alle Rekruten wurden in Reih und Glied aufgestellt. Die Offiziere und Wachtmeister kamen und musterten die neuen Ankömmlinge. Um jeder Schwadron den nötigen Schneider, Sattler und Schreiber zu geben, wurde nach der Berufsart des einzelnen gefragt. Nun begann erst recht der Kampf für unseren Schäfer; je näher der beauftragte Wachtmeister kam, umso schneller klopfte sein Herz. Jetzt steht er vor ihm mit der Frage: „Was sind Sie denn?" Einige Sekunden Stille treten ein. „Nun, was ist Er denn"?, tönt es zum zweiten Mal in das Ohr unseres Freundes und alsbald tönt es zurück: „Schäfer!" Jetzt war es heraus, komme was wolle. Aber eins fühlte er: dass der Friede Gottes aufs neue sein Herz durchzog. Als er eben noch in sich versunken dem HERRN in der Stille für diesen ersten Sieg beim Militär dankt, kommt der Wachtmeister zurück und fragt nochmals: „Schäfer sind Sie?" - „Jawohl, Herr Wachtmeister!" Daraufhin erwiderte der Vorgesetzte: ‚Melden Sie sich nachher bei der 4. Schwadron, ich möchte Sie gern haben!" Aber warum hat denn der Wachtmeister ein solches Interesse an unserem dummen Schäfer? Er sollte lange dauern, bis er darüber Aufschluss erhielt. Im Dienst ging es gut und er merkte manchmal, dass er anderen gegenüber einen Vorzug bekam; warum? Das wusste er nicht. Es dauerte nicht lange, da wurde er Schwadronschreiber, bald darauf Gefreiter. Er genoss das Wohlwollen seiner Vorgesetzten, die einstige Prophezeiung seines Kameraden erfüllte sich nicht. Eines Tages, kurz vor seinem Abgang, stieg ein Gewitter auf. Alle redeten über das Wetter. Als Schäfer konnte unser Gefreiter mit ziemlicher Sicherheit den Verlauf des Wetters angeben. Plötzlich sagte die Frau des Wachtmeisters: „Den Verlauf eines Gewitters kann mein Mann auch genau angeben; er kennt das noch aus seinem früheren Beruf". „Was war denn der Herr Wachtmeister früher?" „Mein Mann war Schäfer." Nun war das Rätsel gelöst. Da ging unser Schäfer in die Stille, um seinem treuen Gott zu danken, der ihn damals vor der Lüge bewahrte und dadurch seine Soldatenjahre so freundlich gestaltet hatte.

Bibelleseplan

Kapitel 1	Kapitel 2	Kapitel 3	Kapitel 4	Kapitel 5	Kapitel 6
5. Mose 16	Esra 2	Sprüche 19	Hesekiel 46	Lukas 8	1. Kor 10
5. Mose 17	Esra 3	Sprüche 20	Hesekiel 47	Lukas 9	1. Kor 11
5. Mose 18	Esra 4	Sprüche 21	Hesekiel 48	Lukas 10	1. Kor 12
5. Mose 19	Esra 5	Sprüche 22	Daniel 1	Lukas 11	1. Kor 13
5. Mose 20	Esra 6	Sprüche 23	Daniel 2	Lukas 12	1. Kor 14
5. Mose 21	Esra 7	Sprüche 24	Daniel 3	Lukas 13	1. Kor 15
5. Mose 22	Esra 8	Sprüche 25	Daniel 4	Lukas 14	1. Kor 16
5. Mose 23	Esra 9	Sprüche 26	Daniel 5	Lukas 15	2. Kor 1
5. Mose 24	Esra 10	Sprüche 27	Daniel 6	Lukas 16	2. Kor 2
5. Mose 25	Nehemia 1	Sprüche 28	Daniel 7	Lukas 17	2. Kor 3
5. Mose 26	Nehemia 2	Sprüche 29	Daniel 8	Lukas 18	2. Kor 4
5. Mose 27	Nehemia 3	Sprüche 30	Daniel 9	Lukas 19	2. Kor 5
5. Mose 28	Nehemia 4	Sprüche 31	Daniel 10	Lukas 20	2. Kor 6
5. Mose 29	Nehemia 5	Prediger 1	Daniel 11	Lukas 21	2. Kor 7
5. Mose 30	Nehemia 6	Prediger 2	Daniel 12	Lukas 22	2. Kor 8
5. Mose 31	Nehemia 7	Prediger 3	Hosea 1	Lukas 23	2. Kor 9
5. Mose 32	Nehemia 8	Prediger 4	Hosea 2	Lukas 24	2. Kor 10
5. Mose 33	Nehemia 9	Prediger 5	Hosea 3	Johannes 1	2. Kor 11
5. Mose 34	Nehemia 10	Prediger 6	Hosea 4	Johannes 2	2. Kor 12
Josua 1	Nehemia 11	Prediger 7	Hosea 5	Johannes 3	2. Kor 13
Josua 2	Nehemia 12	Prediger 8	Hosea 6	Johannes 4	Galater 1
Josua 3	Nehemia 13	Prediger 9	Hosea 7	Johannes 5	Galater 2
Josua 4	Esther 1	Prediger 10	Hosea 8	Johannes 6	Galater 3
Josua 5	Esther 2	Prediger 11	Hosea 9	Johannes 7	Galater 4
Josua 6	Esther 3	Prediger 12	Hosea 10	Johannes 8	Galater 5
Josua 7	Esther 4	Hohelied 1	Hosea 11	Johannes 9	Galater 6
Josua 8	Esther 5	Hohelied 2	Hosea 12	Johannes 10	Epheser 1
Josua 9	Esther 6	Hohelied 3	Hosea 13	Johannes 11	Epheser 2

Notizen und Gedanken

Mein geistlicher Monats-Check

Täglich Bibel gelesen:	1	2	3	4	5	6	7	8	9	10
Tägliche Gebetszeit:	1	2	3	4	5	6	7	8	9	10
Gottesdienst-Besuche:	1	2	3	4	5	6	7	8	9	10
Bibelstunden-Besuche:	1	2	3	4	5	6	7	8	9	10
Hilfe für Geschwister:	1	2	3	4	5	6	7	8	9	10
Dienste in der Gemeinde:	1	2	3	4	5	6	7	8	9	10
Zeugnis für Jesus gegeben:	1	2	3	4	5	6	7	8	9	10
Anfechtungen ertragen:	1	2	3	4	5	6	7	8	9	10
Bitten:	1	2	3	4	5	6	7	8	9	10
Danken:	1	2	3	4	5	6	7	8	9	10
Neue geistliche Erkenntnisse:	1	2	3	4	5	6	7	8	9	10
Ablenkungen nachgegangen:	1	2	3	4	5	6	7	8	9	10

Wofür ich diesen Monat dankbar bin

_____
_____
_____
_____
_____
_____
_____

Diese Versuchungen habe ich überwunden

Gebetsanliegen und -erhörungen

Gedanken zu diesem Monat

Bibelleseplan

Kapitel 1	Kapitel 2	Kapitel 3	Kapitel 4	Kapitel 5	Kapitel 6
Josua 10	Esther 7	Hohelied 4	Hosea 14	Johannes 12	Epheser 3
Josua 11	Esther 8	Hohelied 5	Joel 1	Johannes 13	Epheser 4
Josua 12	Esther 9	Hohelied 6	Joel 2	Johannes 14	Epheser 5
Josua 13	Esther 10	Hohelied 7	Joel 3	Johannes 15	Epheser 6
Josua 14	Hiob 1	Hohelied 8	Joel 4	Johannes 16	Philipper 1
Josua 15	Hiob 2	Psalm 1	Amos 1	Johannes 17	Philipper 2
Josua 16	Hiob 3	Psalm 2	Amos 2	Johannes 18	Philipper 3
Josua 17	Hiob 4	Psalm 3	Amos 3	Johannes 19	Philipper 4
Josua 18	Hiob 5	Psalm 4	Amos 4	Johannes 20	Kolosser 1
Josua 19	Hiob 6	Psalm 5	Amos 5	Johannes 21	Kolosser 2
Josua 20	Hiob 7	Psalm 6	Amos 6	Apg 1	Kolosser 3
Josua 21	Hiob 8	Psalm 7	Amos 7	Apg 2	Kolosser 4
Josua 22	Hiob 9	Psalm 8	Amos 8	Apg 3	1. Thess 1
Josua 23	Hiob 10	Psalm 9	Amos 9	Apg 4	1. Thess 2
Josua 24	Hiob 11	Psalm 10	Obadja	Apg 5	1. Thess 3
Richter 1	Hiob 12	Psalm 11	Jona 1	Apg 6	1. Thess 4
Richter 2	Hiob 13	Psalm 12	Jona 2	Apg 7	1. Thess 5
Richter 3	Hiob 14	Psalm 13	Jona 3	Apg 8	2. Thess 1
Richter 4	Hiob 15	Psalm 14	Jona 4	Apg 9	2. Thess 2
Richter 5	Hiob 16	Psalm 15	Micha 1	Apg 10	2. Thess 3
Richter 6	Hiob 17	Psalm 16	Micha 2	Apg 11	1. Tim 1
Richter 7	Hiob 18	Psalm 17	Micha 3	Apg 12	1. Tim 2
Richter 8	Hiob 19	Psalm 18	Micha 4	Apg 13	1. Tim 3
Richter 9	Hiob 20	Psalm 19	Micha 5	Apg 14	1. Tim 4
Richter 10	Hiob 21	Psalm 20	Micha 6	Apg 15	1. Tim 5
Richter 11	Hiob 22	Psalm 21	Micha 7	Apg 16	1. Tim 6
Richter 12	Hiob 23	Psalm 22	Nahum 1	Apg 17	2. Tim 1
Richter 13	Hiob 24	Psalm 23	Nahum 2	Apg 18	2. Tim 2

Notizen und Gedanken

Mein geistlicher Monats-Check

Täglich Bibel gelesen:	1	2	3	4	5	6	7	8	9	10
Tägliche Gebetszeit:	1	2	3	4	5	6	7	8	9	10
Gottesdienst-Besuche:	1	2	3	4	5	6	7	8	9	10
Bibelstunden-Besuche:	1	2	3	4	5	6	7	8	9	10
Hilfe für Geschwister:	1	2	3	4	5	6	7	8	9	10
Dienste in der Gemeinde:	1	2	3	4	5	6	7	8	9	10
Zeugnis für Jesus gegeben:	1	2	3	4	5	6	7	8	9	10
Anfechtungen ertragen:	1	2	3	4	5	6	7	8	9	10
Bitten:	1	2	3	4	5	6	7	8	9	10
Danken:	1	2	3	4	5	6	7	8	9	10
Neue geistliche Erkenntnisse:	1	2	3	4	5	6	7	8	9	10
Ablenkungen nachgegangen:	1	2	3	4	5	6	7	8	9	10

Wofür ich diesen Monat dankbar bin

_____
_____
_____
_____
_____
_____
_____

Prüfungen und Sorgen

Gebetsanliegen und -erhörungen

Notizen zu diesem Monat

Fürwahr, er hat unsere Krankheit getragen und unsere Schmerzen auf sich geladen; wir aber hielten ihn für bestraft, von Gott geschlagen und niedergebeugt.

Jesaja 53,4

Notwendige Dinge

Kommt man an eine Landesgrenze, und möchte weiter in das fremde Land auf der anderen Seite der Grenze hinein, so wird von den Grenzbeamten nur nach einem Ding gefragt, nämlich nach einem gültigen Pass. Alles andere ist Nebensache.

Da kann ein Reisender kommen, der schwere Koffer mit wertvollen Sachen bei sich hat. Oder ein Gelehrter mit vielem Wissen. Es kann einer kommen, der gesund und stark ist und dem für die Reise sonst gar nichts fehlt. Fehlt ihm jedoch der Pass, so darf er nicht über die Grenze. Hat aber jemand einen gültigen Pass, so mag er sehr arm oder kränklich oder ungelehrt sein, er darf frei die Grenze übertreten.

Bei dem Brand des Ringtheaters in Wien rannte eine Gruppe der Unglücklichen in einen finsteren Gang hinein und suchte einen Ausgang. Sie kamen auch zu einer Tür; die war aber verschlossen und der Schlüssel war nicht da. Gerade der Schlüssel war das eine notwendige Ding für sie. Und weil ihnen dieses Ding fehlte, mussten sie umkommen. Sie hatten Geld und allerlei Wertsachen bei sich, aber mit alledem konnten sie den Mangel eines Schlüssels nicht ersetzen, auf dieses eine kam es an.

Wenn wir einmal sterben müssen, gelangen wir an die Grenze der Ewigkeit. Und in diesem Augenblick kommt es allein und vor allem darauf an, ob wir einen gültigen Pass haben, der uns freien Eingang verschafft. Das ist das Kleid der Gerechtigkeit durch Jesu Blut. Es handelt sich darum, ob wir den Schlüssel haben, der uns das Tor der Herrlichkeit auftut. Das ist das göttliche, das ewige Leben durch den Glauben an den Sohn Gottes. Es gilt da das entscheidende Wort:

„Wer an den Sohn glaubt, der hat ewiges Leben; wer aber dem Sohn nicht glaubt, der wird das Leben nicht sehen, sondern der Zorn Gottes bleibt auf ihm."

Bibelleseplan

Kapitel 1	Kapitel 2	Kapitel 3	Kapitel 4	Kapitel 5	Kapitel 6
Richter 14	Hiob 25	Psalm 24	Nahum 3	Apg 19	2. Tim 3
Richter 15	Hiob 26	Psalm 25	Habakuk 1	Apg 20	2. Tim 4
Richter 16	Hiob 27	Psalm 26	Habakuk 2	Apg 21	Titus 1
Richter 17	Hiob 28	Psalm 27	Habakuk 3	Apg 22	Titus 2
Richter 18	Hiob 29	Psalm 28	Zephanja 1	Apg 23	Titus 3
Richter 19	Hiob 30	Psalm 29	Zephanja 2	Apg 24	Philemon
Richter 20	Hiob 31	Psalm 30	Zephanja 3	Apg 25	Hebräer 1
Richter 21	Hiob 32	Psalm 31	Haggai 1	Apg 26	Hebräer 2
Ruth 1	Hiob 33	Psalm 32	Haggai 2	Apg 27	Hebräer 3
Ruth 2	Hiob 34	Psalm 33	Sacharja 1	Apg 28	Hebräer 4
Ruth 3	Hiob 35	Psalm 34	Sacharja 2	Matthäus 1	Hebräer 5
Ruth 4	Hiob 36	Psalm 35	Sacharja 3	Matthäus 2	Hebräer 6
1. Mose 1	Hiob 37	Psalm 36	Sacharja 4	Matthäus 3	Hebräer 7
1. Mose 2	Hiob 38	Psalm 37	Sacharja 5	Matthäus 4	Hebräer 8
1. Mose 3	Hiob 39	Psalm 38	Sacharja 6	Matthäus 5	Hebräer 9
1. Mose 4	Hiob 40	Psalm 39	Sacharja 7	Matthäus 6	Hebräer 10
1. Mose 5	Hiob 41	Psalm 40	Sacharja 8	Matthäus 7	Hebräer 11
1. Mose 6	Hiob 42	Psalm 41	Sacharja 9	Matthäus 8	Hebräer 12
1. Mose 7	1. Samuel 1	Psalm 42	Sacharja 10	Matthäus 9	Hebräer 13
1. Mose 8	1. Samuel 2	Psalm 43	Sacharja 11	Matthäus 10	Jakobus 1
1. Mose 9	1. Samuel 3	Psalm 44	Sacharja 12	Matthäus 11	Jakobus 2
1. Mose 10	1. Samuel 4	Psalm 45	Sacharja 13	Matthäus 12	Jakobus 3
1. Mose 11	1. Samuel 5	Psalm 46	Sacharja 14	Matthäus 13	Jakobus 4
1. Mose 12	1. Samuel 6	Psalm 47	Maleachi 1	Matthäus 14	Jakobus 5
1. Mose 13	1. Samuel 7	Psalm 48	Maleachi 2	Matthäus 15	1. Petrus 1
1. Mose 14	1. Samuel 8	Psalm 49	Maleachi 3	Matthäus 16	1. Petrus 2
1. Mose 15	1. Samuel 9	Psalm 50	Jesaja 1	Matthäus 17	1. Petrus 3
1. Mose 16	1. Samuel 10	Psalm 51	Jesaja 2	Matthäus 18	1. Petrus 4

Notizen und Gedanken

Mein geistlicher Monats-Check

Täglich Bibel gelesen:	1	2	3	4	5	6	7	8	9	10
Tägliche Gebetszeit:	1	2	3	4	5	6	7	8	9	10
Gottesdienst-Besuche:	1	2	3	4	5	6	7	8	9	10
Bibelstunden-Besuche:	1	2	3	4	5	6	7	8	9	10
Hilfe für Geschwister:	1	2	3	4	5	6	7	8	9	10
Dienste in der Gemeinde:	1	2	3	4	5	6	7	8	9	10
Zeugnis für Jesus gegeben:	1	2	3	4	5	6	7	8	9	10
Anfechtungen ertragen:	1	2	3	4	5	6	7	8	9	10
Bitten:	1	2	3	4	5	6	7	8	9	10
Danken:	1	2	3	4	5	6	7	8	9	10
Neue geistliche Erkenntnisse:	1	2	3	4	5	6	7	8	9	10
Ablenkungen nachgegangen:	1	2	3	4	5	6	7	8	9	10

Wofür ich diesen Monat dankbar bin

_____
_____
_____
_____
_____
_____
_____

Darin durfte ich Gottvertrauen lernen

Gebetsanliegen und -erhörungen

Notizen zu diesem Monat

Bibelleseplan

Kapitel 1	Kapitel 2	Kapitel 3	Kapitel 4	Kapitel 5	Kapitel 6
1. Mose 17	1. Samuel 11	Psalm 52	Jesaja 3	Matthäus 19	1. Petrus 5
1. Mose 18	1. Samuel 12	Psalm 53	Jesaja 4	Matthäus 20	2. Petrus 1
1. Mose 19	1. Samuel 13	Psalm 54	Jesaja 5	Matthäus 21	2. Petrus 2
1. Mose 20	1. Samuel 14	Psalm 55	Jesaja 6	Matthäus 22	2. Petrus 3
1. Mose 21	1. Samuel 15	Psalm 56	Jesaja 7	Matthäus 23	1. Johannes 1
1. Mose 22	1. Samuel 16	Psalm 57	Jesaja 8	Matthäus 24	1. Johannes 2
1. Mose 23	1. Samuel 17	Psalm 58	Jesaja 9	Matthäus 25	1. Johannes 3
1. Mose 24	1. Samuel 18	Psalm 59	Jesaja 10	Matthäus 26	1. Johannes 4
1. Mose 25	1. Samuel 19	Psalm 60	Jesaja 11	Matthäus 27	1. Johannes 5
1. Mose 26	1. Samuel 20	Psalm 61	Jesaja 12	Matthäus 28	2. Johannes
1. Mose 27	1. Samuel 21	Psalm 62	Jesaja 13	Markus 1	3. Johannes
1. Mose 28	1. Samuel 22	Psalm 63	Jesaja 14	Markus 2	Judas
1. Mose 29	1. Samuel 23	Psalm 64	Jesaja 15	Markus 3	Offb 1
1. Mose 30	1. Samuel 24	Psalm 65	Jesaja 16	Markus 4	Offb 2
1. Mose 31	1. Samuel 25	Psalm 66	Jesaja 17	Markus 5	Offb 3
1. Mose 32	1. Samuel 26	Psalm 67	Jesaja 18	Markus 6	Offb 4
1. Mose 33	1. Samuel 27	Psalm 68	Jesaja 19	Markus 7	Offb 5
1. Mose 34	1. Samuel 28	Psalm 69	Jesaja 20	Markus 8	Offb 6
1. Mose 35	1. Samuel 29	Psalm 70	Jesaja 21	Markus 9	Offb 7
1. Mose 36	1. Samuel 30	Psalm 71	Jesaja 22	Markus 10	Offb 8
1. Mose 37	1. Samuel 31	Psalm 72	Jesaja 23	Markus 11	Offb 9
1. Mose 38	2. Samuel 1	Psalm 73	Jesaja 24	Markus 12	Offb 10
1. Mose 39	2. Samuel 2	Psalm 74	Jesaja 25	Markus 13	Offb 11
1. Mose 40	2. Samuel 3	Psalm 75	Jesaja 26	Markus 14	Offb 12
1. Mose 41	2. Samuel 4	Psalm 76	Jesaja 27	Markus 15	Offb 13
1. Mose 42	2. Samuel 5	Psalm 77	Jesaja 28	Markus 16	Offb 14
1. Mose 43	2. Samuel 6	Psalm 78	Jesaja 29	Lukas 1	Offb 15
1. Mose 44	2. Samuel 7	Psalm 79	Jesaja 30	Lukas 2	Offb 16

Notizen und Gedanken

Mein geistlicher Monats-Check

Täglich Bibel gelesen:	1	2	3	4	5	6	7	8	9	10
Tägliche Gebetszeit:	1	2	3	4	5	6	7	8	9	10
Gottesdienst-Besuche:	1	2	3	4	5	6	7	8	9	10
Bibelstunden-Besuche:	1	2	3	4	5	6	7	8	9	10
Hilfe für Geschwister:	1	2	3	4	5	6	7	8	9	10
Dienste in der Gemeinde:	1	2	3	4	5	6	7	8	9	10
Zeugnis für Jesus gegeben:	1	2	3	4	5	6	7	8	9	10
Anfechtungen ertragen:	1	2	3	4	5	6	7	8	9	10
Bitten:	1	2	3	4	5	6	7	8	9	10
Danken:	1	2	3	4	5	6	7	8	9	10
Neue geistliche Erkenntnisse:	1	2	3	4	5	6	7	8	9	10
Ablenkungen nachgegangen:	1	2	3	4	5	6	7	8	9	10

Wofür ich diesen Monat dankbar bin

_____
_____
_____
_____
_____
_____

Das hat meinen Glauben gestärkt

Gebetsanliegen und –erhörungen

Notizen zu diesem Monat

Ich sage zu dem HERRN:
Meine Zuflucht und
meine Burg, mein Gott
auf den ich traue!

Psalm 91,2

Das Loblied des Aussätzigen

D. B., ein Missionsbischof der ehemaligen Brüdergemeinde in Südafrika, berichtete vor über 100 Jahren in seinen Aufzeichnungen von einem armen, aussätzigen Christen, der mit seinem Taufnamen Josua genannt wurde. D. B. besuchte diesen Mann, der ihn bat: „Singe mir das Lied: 'Sei Lob und Ehr dem höchsten Gut, dem Geber aller Güter!'" Der Angesprochene war erstaunt, dass das Herz dieses tief geprüften Menschen auf ein Lob- und Danklied gerichtet war. Er stimmte aber das Lied an. Als er fertig gesungen hatte, bat der Aussätzige: „Noch einmal!" Und noch einmal klang durch den engen, niedrigen Raum das jubelnde Loblied.

Aus dem entstellten Angesicht leuchtete heilige Freude und stiller Friede. Als D. B. endete, fragte er: „Warum wolltest du gerade dieses Lied, Josua?" - „Weil mein Herz so selig und fröhlich ist, Herr! Ich bin früher ein leichtfertiger Mensch gewesen und habe viel Unrecht begangen. Dann kam die Krankheit und ich murrte und haderte. Endlich aber erkannte ich Gottes Liebe, Langmut und Vatertreue.

Ich verstand, dass Er mir nachging, um meine Seele zu retten. Das kam sehr langsam, aber es kam doch; ich lernte geduldig zu sein und auf die Hilfe des HERRN zu hoffen. Nicht, dass ich dachte, ich könnte noch wieder gesund werden, o nein, ich bin überzeugt, dass wir Aussätzige auf Erden nicht rein werden - aber meiner Seele könnte geholfen werden! Ohne die Krankheit würde ich noch in meinen Sünden wandeln. Und nun ist mir noch etwas Besonderes begegnet, Herr! Diese Nacht kam mir der Gedanke 'Josua, du wirst mit mir im Paradies sein!'

Denke doch, Herr, das sagte Er, um mich zu trösten und mir das Sterben leicht zu machen! Meinst du nicht, dass man darüber leicht den Jammer vergessen kann, der doch nur kurze Zeit währt?"

Bibelleseplan

Kapitel 1	Kapitel 2	Kapitel 3	Kapitel 4	Kapitel 5	Kapitel 6
1. Mose 45	2. Samuel 8	Psalm 80	Jesaja 31	Lukas 3	Offb 17
1. Mose 46	2. Samuel 9	Psalm 81	Jesaja 32	Lukas 4	Offb 18
1. Mose 47	2. Samuel 10	Psalm 82	Jesaja 33	Lukas 5	Offb 19
1. Mose 48	2. Samuel 11	Psalm 83	Jesaja 34	Lukas 6	Offb 20
1. Mose 49	2. Samuel 12	Psalm 84	Jesaja 35	Lukas 7	Offb 21
1. Mose 50	2. Samuel 13	Psalm 85	Jesaja 36	Lukas 8	Offb 22
2. Mose 1	2. Samuel 14	Psalm 86	Jesaja 37	Lukas 9	Römer 1
2. Mose 2	2. Samuel 15	Psalm 87	Jesaja 38	Lukas 10	Römer 2
2. Mose 3	2. Samuel 16	Psalm 88	Jesaja 39	Lukas 11	Römer 3
2. Mose 4	2. Samuel 17	Psalm 89	Jesaja 40	Lukas 12	Römer 4
2. Mose 5	2. Samuel 18	Psalm 90	Jesaja 41	Lukas 13	Römer 5
2. Mose 6	2. Samuel 19	Psalm 91	Jesaja 42	Lukas 14	Römer 6
2. Mose 7	2. Samuel 20	Psalm 92	Jesaja 43	Lukas 15	Römer 7
2. Mose 8	2. Samuel 21	Psalm 93	Jesaja 44	Lukas 16	Römer 8
2. Mose 9	2. Samuel 22	Psalm 94	Jesaja 45	Lukas 17	Römer 9
2. Mose 10	2. Samuel 23	Psalm 95	Jesaja 46	Lukas 18	Römer 10
2. Mose 11	2. Samuel 24	Psalm 96	Jesaja 47	Lukas 19	Römer 11
2. Mose 12	1. Könige 1	Psalm 97	Jesaja 48	Lukas 20	Römer 12
2. Mose 13	1. Könige 2	Psalm 98	Jesaja 49	Lukas 21	Römer 13
2. Mose 14	1. Könige 3	Psalm 99	Jesaja 50	Lukas 22	Römer 14
2. Mose 15	1. Könige 4	Psalm 100	Jesaja 51	Lukas 23	Römer 15
2. Mose 16	1. Könige 5	Psalm 101	Jesaja 52	Lukas 24	Römer 16
2. Mose 17	1. Könige 6	Psalm 102	Jesaja 53	Johannes 1	1. Korinther 1
2. Mose 18	1. Könige 7	Psalm 103	Jesaja 54	Johannes 2	1. Korinther 2
2. Mose 19	1. Könige 8	Psalm 104	Jesaja 55	Johannes 3	1. Korinther 3
2. Mose 20	1. Könige 9	Psalm 105	Jesaja 56	Johannes 4	1. Korinther 4
2. Mose 21	1. Könige 10	Psalm 106	Jesaja 57	Johannes 5	1. Korinther 5
2. Mose 22	1. Könige 11	Psalm 107	Jesaja 58	Johannes 6	1. Korinther 6

Notizen und Gedanken

Mein geistlicher Monats-Check

Täglich Bibel gelesen:	1	2	3	4	5	6	7	8	9	10
Tägliche Gebetszeit:	1	2	3	4	5	6	7	8	9	10
Gottesdienst-Besuche:	1	2	3	4	5	6	7	8	9	10
Bibelstunden-Besuche:	1	2	3	4	5	6	7	8	9	10
Hilfe für Geschwister:	1	2	3	4	5	6	7	8	9	10
Dienste in der Gemeinde:	1	2	3	4	5	6	7	8	9	10
Zeugnis für Jesus gegeben:	1	2	3	4	5	6	7	8	9	10
Anfechtungen ertragen:	1	2	3	4	5	6	7	8	9	10
Bitten:	1	2	3	4	5	6	7	8	9	10
Danken:	1	2	3	4	5	6	7	8	9	10
Neue geistliche Erkenntnisse:	1	2	3	4	5	6	7	8	9	10
Ablenkungen nachgegangen:	1	2	3	4	5	6	7	8	9	10

Wofür ich diesen Monat dankbar bin

_____
_____
_____
_____
_____
_____

Ein geistliches Vorbild war mir ...

Gebetsanliegen und -erhörungen

Darin kann ich ein geistliches Vorbild sein

Bibelleseplan

Kapitel 1	Kapitel 2	Kapitel 3	Kapitel 4	Kapitel 5	Kapitel 6
2. Mose 23	1. Könige 12	Psalm 108	Jesaja 59	Johannes 7	1. Kor 7
2. Mose 24	1. Könige 13	Psalm 109	Jesaja 60	Johannes 8	1. Kor 8
2. Mose 25	1. Könige 14	Psalm 110	Jesaja 61	Johannes 9	1. Kor 9
2. Mose 26	1. Könige 15	Psalm 111	Jesaja 62	Johannes 10	1. Kor 10
2. Mose 27	1. Könige 16	Psalm 112	Jesaja 63	Johannes 11	1. Kor 11
2. Mose 28	1. Könige 17	Psalm 113	Jesaja 64	Johannes 12	1. Kor 12
2. Mose 29	1. Könige 18	Psalm 114	Jesaja 65	Johannes 13	1. Kor 13
2. Mose 30	1. Könige 19	Psalm 115	Jesaja 66	Johannes 14	1. Kor 14
2. Mose 31	1. Könige 20	Psalm 116	Jeremia 1	Johannes 15	1. Kor 15
2. Mose 32	1. Könige 21	Psalm 117	Jeremia 2	Johannes 16	1. Kor 16
2. Mose 33	1. Könige 22	Psalm 118	Jeremia 3	Johannes 17	2. Kor 1
2. Mose 34	2. Könige 1	Psalm 119	Jeremia 4	Johannes 18	2. Kor 2
2. Mose 35	2. Könige 2	Psalm 120	Jeremia 5	Johannes 19	2. Kor 3
2. Mose 36	2. Könige 3	Psalm 121	Jeremia 6	Johannes 20	2. Kor 4
2. Mose 37	2. Könige 4	Psalm 122	Jeremia 7	Johannes 21	2. Kor 5
2. Mose 38	2. Könige 5	Psalm 123	Jeremia 8	Apg 1	2. Kor 6
2. Mose 39	2. Könige 6	Psalm 124	Jeremia 9	Apg 2	2. Kor 7
2. Mose 40	2. Könige 7	Psalm 125	Jeremia 10	Apg 3	2. Kor 8
3. Mose 1	2. Könige 8	Psalm 126	Jeremia 11	Apg 4	2. Kor 9
3. Mose 2	2. Könige 9	Psalm 127	Jeremia 12	Apg 5	2. Kor 10
3. Mose 3	2. Könige 10	Psalm 128	Jeremia 13	Apg 6	2. Kor 11
3. Mose 4	2. Könige 11	Psalm 129	Jeremia 14	Apg 7	2. Kor 12
3. Mose 5	2. Könige 12	Psalm 130	Jeremia 15	Apg 8	2. Kor 13
3. Mose 6	2. Könige 13	Psalm 131	Jeremia 16	Apg 9	Galater 1
3. Mose 7	2. Könige 14	Psalm 132	Jeremia 17	Apg 10	Galater 2
3. Mose 8	2. Könige 15	Psalm 133	Jeremia 18	Apg 11	Galater 3
3. Mose 9	2. Könige 16	Psalm 134	Jeremia 19	Apg 12	Galater 4
3. Mose 10	2. Könige 17	Psalm 135	Jeremia 20	Apg 13	Galater 5

Notizen und Gedanken

Mein geistlicher Monats-Check

Täglich Bibel gelesen:	1	2	3	4	5	6	7	8	9	10
Tägliche Gebetszeit:	1	2	3	4	5	6	7	8	9	10
Gottesdienst-Besuche:	1	2	3	4	5	6	7	8	9	10
Bibelstunden-Besuche:	1	2	3	4	5	6	7	8	9	10
Hilfe für Geschwister:	1	2	3	4	5	6	7	8	9	10
Dienste in der Gemeinde:	1	2	3	4	5	6	7	8	9	10
Zeugnis für Jesus gegeben:	1	2	3	4	5	6	7	8	9	10
Anfechtungen ertragen:	1	2	3	4	5	6	7	8	9	10
Bitten:	1	2	3	4	5	6	7	8	9	10
Danken:	1	2	3	4	5	6	7	8	9	10
Neue geistliche Erkenntnisse:	1	2	3	4	5	6	7	8	9	10
Ablenkungen nachgegangen:	1	2	3	4	5	6	7	8	9	10

Wofür ich diesen Monat dankbar bin

_____
_____
_____
_____
_____
_____
_____

Vergebung, die ich erfahren habe

―――――――――――――――――――
―――――――――――――――――――
―――――――――――――――――――
―――――――――――――――――――
―――――――――――――――――――
―――――――――――――――――――
―――――――――――――――――――

Gebetsanliegen und -erhörungen

―――――――――――――――――――
―――――――――――――――――――
―――――――――――――――――――
―――――――――――――――――――
―――――――――――――――――――
―――――――――――――――――――
―――――――――――――――――――
―――――――――――――――――――
―――――――――――――――――――
―――――――――――――――――――

Worin ich vergeben durfte oder darf

―――――――――――――――――――
―――――――――――――――――――
―――――――――――――――――――
―――――――――――――――――――

Und der Herr wird eine Zuflucht sein dem Unterdrückten, Eine Zuflucht in Zeiten der Not. Darum vertrauen auf dich, die deinen Namen kennen; Denn du hast nicht verlassen, die dich, Herr, suchen!

Psalm 9,10-11

Durch ein Stückchen Bibel bekehrt

Es geschah vor einiger Zeit, dass ein gläubiger schwedischer Offizier mit seiner Schwester und einem seiner unbekehrten Kameraden einen Spaziergang in den Wald unternahm. Auf Bitte der Schwester wurde die Bibel mitgenommen. An einem schönen Fleck im Wald machte man Rast; bald wurde die Bibel hervorgeholt. Die beiden Geschwister baten ihren Begleiter, der ja sonst nicht die Bibel las, aus dem Wort Gottes vorzulesen. In der Tat, er begann. Aber es dauerte nicht lang, bis er das Buch Gottes wütend von sich wegschleuderte. Es flog mit der offenen Seite gegen die scharfe Spitze eines Zweiges, so dass ein Stückchen aus einem Blatt herausgerissen wurde. Dann fiel es in der Ferne nieder.

Mit tiefem Ernst sagte die Dame zu dem aufgebrachten jungen Offizier: „Es ist meine kostbare Bibel, die Sie fortgeworfen haben; holen Sie mir sie wieder!" Er tat es. „Sie müssen auch das Stückchen wiederbringen, das dort auf dem Zweig hängen blieb." Er brachte es; die Dame nahm das Stück, blickte es an, reichte es dem Offizier: „Lesen Sie, was auf diesem Stück Papier geschrieben steht."

Da stand auf der einen Seite: „Der Meister ist da und ruft dich!" (Johannes 11,28) und auf der anderen: „Habe ich dir nicht gesagt: Wenn du glaubst, wirst du die Herrlichkeit Gottes sehen?" (Johannes 11,40)

Diese beiden Worte in ihrer wunderbaren Zusammenstellung überwanden das Herz des ungläubigen Mannes. Er sah, wo er herkam: aus einem sündigen und verlorenen Geschlecht. Er sah, wo er hinging: dem ewigen Verderben, dem Gericht eines heiligen Gottes entgegen. Er sah, wozu er bis jetzt gelebt hatte: Um der Welt und der Sünde zu dienen, sich selbst und anderen zum Unheil. Nun aber vernahm er: Jesus der Meister hat mich gerufen zur Herrlichkeit des Vaters. So fand er durch dieses ausgerissene Stückchen einer Bibelseite Jesus und das ewige Leben.

Bibelleseplan

Kapitel 1	Kapitel 2	Kapitel 3	Kapitel 4	Kapitel 5	Kapitel 6
3. Mose 11	2. Könige 18	Psalm 136	Jeremia 21	Apg 14	Galater 6
3. Mose 12	2. Könige 19	Psalm 137	Jeremia 22	Apg 15	Epheser 1
3. Mose 13	2. Könige 20	Psalm 138	Jeremia 23	Apg 16	Epheser 2
3. Mose 14	2. Könige 21	Psalm 139	Jeremia 24	Apg 17	Epheser 3
3. Mose 15	2. Könige 22	Psalm 140	Jeremia 25	Apg 18	Epheser 4
3. Mose 16	2. Könige 23	Psalm 141	Jeremia 26	Apg 19	Epheser 5
3. Mose 17	2. Könige 24	Psalm 142	Jeremia 27	Apg 20	Epheser 6
3. Mose 18	2. Könige 25	Psalm 143	Jeremia 28	Apg 21	Philipper 1
3. Mose 19	1. Chronik 1	Psalm 144	Jeremia 29	Apg 22	Philipper 2
3. Mose 20	1. Chronik 2	Psalm 145	Jeremia 30	Apg 23	Philipper 3
3. Mose 21	1. Chronik 3	Psalm 146	Jeremia 31	Apg 24	Philipper 4
3. Mose 22	1. Chronik 4	Psalm 147	Jeremia 32	Apg 25	Kolosser 1
3. Mose 23	1. Chronik 5	Psalm 148	Jeremia 33	Apg 26	Kolosser 2
3. Mose 24	1. Chronik 6	Psalm 149	Jeremia 34	Apg 27	Kolosser 3
3. Mose 25	1. Chronik 7	Psalm 150	Jeremia 35	Apg 28	Kolosser 4
3. Mose 26	1. Chronik 8	Sprüche 1	Jeremia 36	Matthäus 1	1. Thess 1
3. Mose 27	1. Chronik 9	Sprüche 2	Jeremia 37	Matthäus 2	1. Thess 2
4. Mose 1	1. Chronik 10	Sprüche 3	Jeremia 38	Matthäus 3	1. Thess 3
4. Mose 2	1. Chronik 11	Sprüche 4	Jeremia 39	Matthäus 4	1. Thess 4
4. Mose 3	1. Chronik 12	Sprüche 5	Jeremia 40	Matthäus 5	1. Thess 5
4. Mose 4	1. Chronik 13	Sprüche 6	Jeremia 41	Matthäus 6	2. Thess 1
4. Mose 5	1. Chronik 14	Sprüche 7	Jeremia 42	Matthäus 7	2. Thess 2
4. Mose 6	1. Chronik 15	Sprüche 8	Jeremia 43	Matthäus 8	2. Thess 3
4. Mose 7	1. Chronik 16	Sprüche 9	Jeremia 44	Matthäus 9	1. Tim 1
4. Mose 8	1. Chronik 17	Sprüche 10	Jeremia 45	Matthäus 10	1. Tim 2
4. Mose 9	1. Chronik 18	Sprüche 11	Jeremia 46	Matthäus 11	1. Tim 3
4. Mose 10	1. Chronik 19	Sprüche 12	Jeremia 47	Matthäus 12	1. Tim 4
4. Mose 11	1. Chronik 20	Sprüche 13	Jeremia 48	Matthäus 13	1. Tim 5

Notizen und Gedanken

Mein geistlicher Monats-Check

Täglich Bibel gelesen:	1	2	3	4	5	6	7	8	9	10
Tägliche Gebetszeit:	1	2	3	4	5	6	7	8	9	10
Gottesdienst-Besuche:	1	2	3	4	5	6	7	8	9	10
Bibelstunden-Besuche:	1	2	3	4	5	6	7	8	9	10
Hilfe für Geschwister:	1	2	3	4	5	6	7	8	9	10
Dienste in der Gemeinde:	1	2	3	4	5	6	7	8	9	10
Zeugnis für Jesus gegeben:	1	2	3	4	5	6	7	8	9	10
Anfechtungen ertragen:	1	2	3	4	5	6	7	8	9	10
Bitten:	1	2	3	4	5	6	7	8	9	10
Danken:	1	2	3	4	5	6	7	8	9	10
Neue geistliche Erkenntnisse:	1	2	3	4	5	6	7	8	9	10
Ablenkungen nachgegangen:	1	2	3	4	5	6	7	8	9	10

Wofür ich diesen Monat dankbar bin

_____
_____
_____
_____
_____
_____
_____

Darin ist mein Glaube gewachsen

Gebetsanliegen und -erhörungen

Gedanken zu diesem Monat

Bibelleseplan

Kapitel 1	Kapitel 2	Kapitel 3	Kapitel 4	Kapitel 5	Kapitel 6
4. Mose 12	1. Chronik 21	Sprüche 14	Jeremia 49	Matthäus 14	1. Tim 6
4. Mose 13	1. Chronik 22	Sprüche 15	Jeremia 50	Matthäus 15	2. Tim 1
4. Mose 14	1. Chronik 23	Sprüche 16	Jeremia 51	Matthäus 16	2. Tim 2
4. Mose 15	1. Chronik 24	Sprüche 17	Jeremia 52	Matthäus 17	2. Tim 3
4. Mose 16	1. Chronik 25	Sprüche 18	Klagelieder 1	Matthäus 18	2. Tim 4
4. Mose 17	1. Chronik 26	Sprüche 19	Klagelieder 2	Matthäus 19	Titus 1
4. Mose 18	1. Chronik 27	Sprüche 20	Klagelieder 3	Matthäus 20	Titus 2
4. Mose 19	1. Chronik 28	Sprüche 21	Klagelieder 4	Matthäus 21	Titus 3
4. Mose 20	1. Chronik 29	Sprüche 22	Klagelieder 5	Matthäus 22	Philemon
4. Mose 21	2. Chronik 1	Sprüche 23	Hesekiel 1	Matthäus 23	Hebräer 1
4. Mose 22	2. Chronik 2	Sprüche 24	Hesekiel 2	Matthäus 24	Hebräer 2
4. Mose 23	2. Chronik 3	Sprüche 25	Hesekiel 3	Matthäus 25	Hebräer 3
4. Mose 24	2. Chronik 4	Sprüche 26	Hesekiel 4	Matthäus 26	Hebräer 4
4. Mose 25	2. Chronik 5	Sprüche 27	Hesekiel 5	Matthäus 27	Hebräer 5
4. Mose 26	2. Chronik 6	Sprüche 28	Hesekiel 6	Matthäus 28	Hebräer 6
4. Mose 27	2. Chronik 7	Sprüche 29	Hesekiel 7	Markus 1	Hebräer 7
4. Mose 28	2. Chronik 8	Sprüche 30	Hesekiel 8	Markus 2	Hebräer 8
4. Mose 29	2. Chronik 9	Sprüche 31	Hesekiel 9	Markus 3	Hebräer 9
4. Mose 30	2. Chronik 10	Prediger 1	Hesekiel 10	Markus 4	Hebräer 10
4. Mose 31	2. Chronik 11	Prediger 2	Hesekiel 11	Markus 5	Hebräer 11
4. Mose 32	2. Chronik 12	Prediger 3	Hesekiel 12	Markus 6	Hebräer 12
4. Mose 33	2. Chronik 13	Prediger 4	Hesekiel 13	Markus 7	Hebräer 13
4. Mose 34	2. Chronik 14	Prediger 5	Hesekiel 14	Markus 8	Jakobus 1
4. Mose 35	2. Chronik 15	Prediger 6	Hesekiel 15	Markus 9	Jakobus 2
4. Mose 36	2. Chronik 16	Prediger 7	Hesekiel 16	Markus 10	Jakobus 3
5. Mose 1	2. Chronik 17	Prediger 8	Hesekiel 17	Markus 11	Jakobus 4
5. Mose 2	2. Chronik 18	Prediger 9	Hesekiel 18	Markus 12	Jakobus 5
5. Mose 3	2. Chronik 19	Prediger 10	Hesekiel 19	Markus 13	1. Petrus 1

Notizen und Gedanken

Mein geistlicher Monats-Check

Täglich Bibel gelesen:	1	2	3	4	5	6	7	8	9	10
Tägliche Gebetszeit:	1	2	3	4	5	6	7	8	9	10
Gottesdienst-Besuche:	1	2	3	4	5	6	7	8	9	10
Bibelstunden-Besuche:	1	2	3	4	5	6	7	8	9	10
Hilfe für Geschwister:	1	2	3	4	5	6	7	8	9	10
Dienste in der Gemeinde:	1	2	3	4	5	6	7	8	9	10
Zeugnis für Jesus gegeben:	1	2	3	4	5	6	7	8	9	10
Anfechtungen ertragen:	1	2	3	4	5	6	7	8	9	10
Bitten:	1	2	3	4	5	6	7	8	9	10
Danken:	1	2	3	4	5	6	7	8	9	10
Neue geistliche Erkenntnisse:	1	2	3	4	5	6	7	8	9	10
Ablenkungen nachgegangen:	1	2	3	4	5	6	7	8	9	10

Wofür ich diesen Monat dankbar bin

_____
_____
_____
_____
_____
_____
_____

Das tat Jesus für mich am Kreuz

Gebetsanliegen und -erhörungen

Notizen zu diesem Monat

Ich aber bin der HERR, dein Gott, vom Land Ägypten her, und neben mir kennst du keinen Gott, und es gibt keinen Retter als mich allein!

Hosea 13,4

Die Bibel am Hoteltisch

Am Mittagstisch eines Hotels in Köln entstand eine lebhafte Unterhaltung darüber, ob man am Sonntag Gottes Wort hören sollte oder nicht. Ein Arzt, der auch dabei war, sagte ziemlich aufgeregt: „Was ist das für eine Andacht, die sich nur zwischen vier Wänden halten lässt! Mein Tempel ist ein anderer. Ich stelle mich in Gottes freie Natur, über mir das blaue Himmelsgewölbe, unter meinen Schuhen der grüne Teppich der Wiesen. Um mich her Wälder und Berge und als Orgel der rauschende Fluss und das Sausen des Windes - das ist ein Tempel - Gottes und der Menschen gleich würdig! Da bete ich!" - Darauf fragte ihn ein gläubiger Christ: „Sind Sie denn heute in diesem, Ihrem Tempel gewesen?" - „Heute gerade nicht", erwiderte der Doktor verlegen, „ich hatte keine Zeit." - „Vor einer Woche vielleicht?" - „Nein!" - „Ein einziges Mal innerhalb der letzten 6 Monate?" - „Das auch nicht! - „Sie scheinen einen spärlichen Gebrauch von Ihrem Tempel zu machen", bemerkte der Christ. Der Arzt schwieg, die anderen lachten. Er fuhr fort: „In dem Haus, in dem ich heute gewesen bin, können Sie nicht beten, es ist viel zu eng. In Ihrem herrlichen Tempel aber, in dem Sie während der letzten 6 Monate nicht gewesen sind, kann auch ich beten; er ist für mich nicht zu mächtig. Ich mache Ihnen einen Vorschlag: In etwa 6 Wochen muss ich wieder hierher kommen. Ich werde es mir einrichten, dass ein Sonntag in die Zeit meiner Reise fällt. Ich werde mich vorher bei Ihnen melden und dann werden wir am Sonntagvormittag aus der ruhelosen Stadt in Gottes freie Natur gehen: Über uns das blaue Himmelsgewölbe, unter den Schuhen der grüne Teppich der Wiesen, um uns her Wälder und Berge und als unsere Orgel der rauschende Fluss und das Sausen des Windes! Unterwegs wollen wir nicht von Literatur, Politik und dergleichen reden, sondern unsere Gedanken still sammeln. Später wollen wir auf dem grünen Teppich niederknien und Gott, den Schöpfer aller Dinge und den Lenker Ihres und meines Lebens, anbeten und Ihm für das, was Er Gutes an uns getan hat, danken! Wollen Sie das?" - „Nein", sagte der Arzt nach einigem Nachdenken, „ich will es nicht!" - „Schade", entgegnete der Christ, „dass während Sie solchen Sinn für die Erhabenheit Ihres Tempels haben, Sie nie als andächtiger Beter einen Schritt in diesen hineinsetzen." - Jetzt lachte niemand, denn noch andere als der Arzt fühlten sich getroffen.

Bibelleseplan

Kapitel 1	Kapitel 2	Kapitel 3	Kapitel 4	Kapitel 5	Kapitel 6
5. Mose 4	2. Chronik 20	Prediger 11	Hesekiel 20	Markus 14	1. Petrus 2
5. Mose 5	2. Chronik 21	Prediger 12	Hesekiel 21	Markus 15	1. Petrus 3
5. Mose 6	2. Chronik 22	Hohelied 1	Hesekiel 22	Markus 16	1. Petrus 4
5. Mose 7	2. Chronik 23	Hohelied 2	Hesekiel 23	Lukas 1	1. Petrus 5
5. Mose 8	2. Chronik 24	Hohelied 3	Hesekiel 24	Lukas 2	2. Petrus 1
5. Mose 9	2. Chronik 25	Hohelied 4	Hesekiel 25	Lukas 3	2. Petrus 2
5. Mose 10	2. Chronik 26	Hohelied 5	Hesekiel 26	Lukas 4	2. Petrus 3
5. Mose 11	2. Chronik 27	Hohelied 6	Hesekiel 27	Lukas 5	1. Johannes 1
5. Mose 12	2. Chronik 28	Hohelied 7	Hesekiel 28	Lukas 6	1. Johannes 2
5. Mose 13	2. Chronik 29	Hohelied 8	Hesekiel 29	Lukas 7	1. Johannes 3
5. Mose 14	2. Chronik 30	Psalm 1	Hesekiel 30	Lukas 8	1. Johannes 4
5. Mose 15	2. Chronik 31	Psalm 2	Hesekiel 31	Lukas 9	1. Johannes 5
5. Mose 16	2. Chronik 32	Psalm 3	Hesekiel 32	Lukas 10	2. Johannes
5. Mose 17	2. Chronik 33	Psalm 4	Hesekiel 33	Lukas 11	3. Johannes
5. Mose 18	2. Chronik 34	Psalm 5	Hesekiel 34	Lukas 12	Judas
5. Mose 19	2. Chronik 35	Psalm 6	Hesekiel 35	Lukas 13	Offb 1
5. Mose 20	2. Chronik 36	Psalm 7	Hesekiel 36	Lukas 14	Offb 2
5. Mose 21	Esra 1	Psalm 8	Hesekiel 37	Lukas 15	Offb 3
5. Mose 22	Esra 2	Psalm 9	Hesekiel 38	Lukas 16	Offb 4
5. Mose 23	Esra 3	Psalm 10	Hesekiel 39	Lukas 17	Offb 5
5. Mose 24	Esra 4	Psalm 11	Hesekiel 40	Lukas 18	Offb 6
5. Mose 25	Esra 5	Psalm 12	Hesekiel 41	Lukas 19	Offb 7
5. Mose 26	Esra 6	Psalm 13	Hesekiel 42	Lukas 20	Offb 8
5. Mose 27	Esra 7	Psalm 14	Hesekiel 43	Lukas 21	Offb 9
5. Mose 28	Esra 8	Psalm 15	Hesekiel 44	Lukas 22	Offb 10
5. Mose 29	Esra 9	Psalm 16	Hesekiel 45	Lukas 23	Offb 11
5. Mose 30	Esra 10	Psalm 17	Hesekiel 46	Lukas 24	Offb 12
5. Mose 31	Nehemia 1	Psalm 18	Hesekiel 47	Johannes 1	Offb 13

Notizen und Gedanken

Mein geistlicher Monats-Check

Täglich Bibel gelesen:	1	2	3	4	5	6	7	8	9	10
Tägliche Gebetszeit:	1	2	3	4	5	6	7	8	9	10
Gottesdienst-Besuche:	1	2	3	4	5	6	7	8	9	10
Bibelstunden-Besuche:	1	2	3	4	5	6	7	8	9	10
Hilfe für Geschwister:	1	2	3	4	5	6	7	8	9	10
Dienste in der Gemeinde:	1	2	3	4	5	6	7	8	9	10
Zeugnis für Jesus gegeben:	1	2	3	4	5	6	7	8	9	10
Anfechtungen ertragen:	1	2	3	4	5	6	7	8	9	10
Bitten:	1	2	3	4	5	6	7	8	9	10
Danken:	1	2	3	4	5	6	7	8	9	10
Neue geistliche Erkenntnisse:	1	2	3	4	5	6	7	8	9	10
Ablenkungen nachgegangen:	1	2	3	4	5	6	7	8	9	10

Wofür ich diesen Monat dankbar bin

_____
_____
_____
_____
_____
_____
_____

Das würde ich gern sofort ändern

Gebetsanliegen und -erhörungen

Gedanken zu diesem Monat

Bibelleseplan

Kapitel 1	Kapitel 2	Kapitel 3	Kapitel 4	Kapitel 5	Kapitel 6
5. Mose 32	Nehemia 2	Psalm 19	Hesekiel 48	Johannes 2	Offb 14
5. Mose 33	Nehemia 3	Psalm 20	Daniel 1	Johannes 3	Offb 15
5. Mose 34	Nehemia 4	Psalm 21	Daniel 2	Johannes 4	Offb 16
Josua 1	Nehemia 5	Psalm 22	Daniel 3	Johannes 5	Offb 17
Josua 2	Nehemia 6	Psalm 23	Daniel 4	Johannes 6	Offb 18
Josua 3	Nehemia 7	Psalm 24	Daniel 5	Johannes 7	Offb 19
Josua 4	Nehemia 8	Psalm 25	Daniel 6	Johannes 8	Offb 20
Josua 5	Nehemia 9	Psalm 26	Daniel 7	Johannes 9	Offb 21
Josua 6	Nehemia 10	Psalm 27	Daniel 8	Johannes 10	Offb 22
Josua 7	Nehemia 11	Psalm 28	Daniel 9	Johannes 11	Römer 1
Josua 8	Nehemia 12	Psalm 29	Daniel 10	Johannes 12	Römer 2
Josua 9	Nehemia 13	Psalm 30	Daniel 11	Johannes 13	Römer 3
Josua 10	Esther 1	Psalm 31	Daniel 12	Johannes 14	Römer 4
Josua 11	Esther 2	Psalm 32	Hosea 1	Johannes 15	Römer 5
Josua 12	Esther 3	Psalm 33	Hosea 2	Johannes 16	Römer 6
Josua 13	Esther 4	Psalm 34	Hosea 3	Johannes 17	Römer 7
Josua 14	Esther 5	Psalm 35	Hosea 4	Johannes 18	Römer 8
Josua 15	Esther 6	Psalm 36	Hosea 5	Johannes 19	Römer 9
Josua 16	Esther 7	Psalm 37	Hosea 6	Johannes 20	Römer 10
Josua 17	Esther 8	Psalm 38	Hosea 7	Johannes 21	Römer 11
Josua 18	Esther 9	Psalm 39	Hosea 8	Apg 1	Römer 12
Josua 19	Esther 10	Psalm 40	Hosea 9	Apg 2	Römer 13
Josua 20	Hiob 1	Psalm 41	Hosea 10	Apg 3	Römer 14
Josua 21	Hiob 2	Psalm 42	Hosea 11	Apg 4	Römer 15
Josua 22	Hiob 3	Psalm 43	Hosea 12	Apg 5	Römer 16
Josua 23	Hiob 4	Psalm 44	Hosea 13	Apg 6	1. Korinther 1
Josua 24	Hiob 5	Psalm 45	Hosea 14	Apg 7	1. Korinther 2
Richter 1	Hiob 6	Psalm 46	Joel 1	Apg 8	1. Korinther 3

Notizen und Gedanken

Mein geistlicher Monats-Check

Täglich Bibel gelesen:	1	2	3	4	5	6	7	8	9	10
Tägliche Gebetszeit:	1	2	3	4	5	6	7	8	9	10
Gottesdienst-Besuche:	1	2	3	4	5	6	7	8	9	10
Bibelstunden-Besuche:	1	2	3	4	5	6	7	8	9	10
Hilfe für Geschwister:	1	2	3	4	5	6	7	8	9	10
Dienste in der Gemeinde:	1	2	3	4	5	6	7	8	9	10
Zeugnis für Jesus gegeben:	1	2	3	4	5	6	7	8	9	10
Anfechtungen ertragen:	1	2	3	4	5	6	7	8	9	10
Bitten:	1	2	3	4	5	6	7	8	9	10
Danken:	1	2	3	4	5	6	7	8	9	10
Neue geistliche Erkenntnisse:	1	2	3	4	5	6	7	8	9	10
Ablenkungen nachgegangen:	1	2	3	4	5	6	7	8	9	10

Wofür ich diesen Monat dankbar bin

_____
_____
_____
_____
_____
_____
_____

Das muss sich in meinem Glaubensleben ändern

Gebetsanliegen und -erhörungen

Notizen zu diesem Monat

Denn dazu ist Christus auch gestorben, dass er sowohl über Tote als auch über Lebende Herr sei.

Römer 14,9

Das gilt auch mir!

Die einzige Tochter wohlhabender Eltern wurde in blühender Jugend vom Todesschicksal erfasst und sollte einem reichen, glücklichen Leben entrissen werden. Von herbem Schmerz gebrochen, weilten die Eltern an ihrem Sterbelager.

Sie aber hielt mit zitternden Händen ihr Neues Testament und bemühte sich, mit ihren schon erstarrenden Fingern die Stellen aufzusuchen, welche für sie Worte des Lebens bargen:

„Im Haus meines Vaters sind viele Wohnungen; wenn nicht, so hätte ich es euch gesagt. Ich gehe hin, um euch eine Stätte zu bereiten. Und wenn ich hingehe und euch eine Stätte bereite, so komme ich wieder und werde euch zu mir nehmen, damit auch ihr seid, wo ich bin.", Johannes 14,2-3.

„Vater, ich will, dass wo ich bin, auch die bei mir seien, die du mir gegeben hast, damit sie meine Herrlichkeit sehen, die du mir gegeben hast.", Johannes 17,24.

„Ist Gott für uns, wer kann gegen uns sein?", Römer 8,31.

„Weder Hohes noch Tiefes, noch irgend ein anderes Geschöpf uns zu scheiden vermag von der Liebe Gottes, die in Christus Jesus ist, unserem Herrn.", Römer 8,39.

Fröhlich sagte sie immer wieder: „Das gilt auch mir!" Die Bibel war eben ihr Buch geworden, ein Wort des Lebens in der Stunde des Todes. O dass ein jeder von uns die Bibel als sein eigenstes Buch so ganz zu eigen hätte!

Bibelleseplan

Kapitel 1	Kapitel 2	Kapitel 3	Kapitel 4	Kapitel 5	Kapitel 6
Richter 2	Hiob 7	Psalm 47	Joel 2	Apg 9	1. Kor 4
Richter 3	Hiob 8	Psalm 48	Joel 3	Apg 10	1. Kor 5
Richter 4	Hiob 9	Psalm 49	Joel 4	Apg 11	1. Kor 6
Richter 5	Hiob 10	Psalm 50	Amos 1	Apg 12	1. Kor 7
Richter 6	Hiob 11	Psalm 51	Amos 2	Apg 13	1. Kor 8
Richter 7	Hiob 12	Psalm 52	Amos 3	Apg 14	1. Kor 9
Richter 8	Hiob 13	Psalm 53	Amos 4	Apg 15	1. Kor 10
Richter 9	Hiob 14	Psalm 54	Amos 5	Apg 16	1. Kor 11
Richter 10	Hiob 15	Psalm 55	Amos 6	Apg 17	1. Kor 12
Richter 11	Hiob 16	Psalm 56	Amos 7	Apg 18	1. Kor 13
Richter 12	Hiob 17	Psalm 57	Amos 8	Apg 19	1. Kor 14
Richter 13	Hiob 18	Psalm 58	Amos 9	Apg 20	1. Kor 15
Richter 14	Hiob 19	Psalm 59	Obadja	Apg 21	1. Kor 16
Richter 15	Hiob 20	Psalm 60	Jona 1	Apg 22	2. Kor 1
Richter 16	Hiob 21	Psalm 61	Jona 2	Apg 23	2. Kor 2
Richter 17	Hiob 22	Psalm 62	Jona 3	Apg 24	2. Kor 3
Richter 18	Hiob 23	Psalm 63	Jona 4	Apg 25	2. Kor 4
Richter 19	Hiob 24	Psalm 64	Micha 1	Apg 26	2. Kor 5
Richter 20	Hiob 25	Psalm 65	Micha 2	Apg 27	2. Kor 6
Richter 21	Hiob 26	Psalm 66	Micha 3	Apg 28	2. Kor 7
Ruth 1	Hiob 27	Psalm 67	Micha 4	Matthäus 1	2. Kor 8
Ruth 2	Hiob 28	Psalm 68	Micha 5	Matthäus 2	2. Kor 9
Ruth 3	Hiob 29	Psalm 69	Micha 6	Matthäus 3	2. Kor 10
Ruth 4	Hiob 30	Psalm 70	Micha 7	Matthäus 4	2. Kor 11
1. Mose 1	Hiob 31	Psalm 71	Nahum 1	Matthäus 5	2. Kor 12
1. Mose 2	Hiob 32	Psalm 72	Nahum 2	Matthäus 6	2. Kor 13
1. Mose 3	Hiob 33	Psalm 73	Nahum 3	Matthäus 7	Galater 1
1. Mose 4	Hiob 34	Psalm 74	Habakuk 1	Matthäus 8	Galater 2

Notizen und Gedanken

Mein geistlicher Monats-Check

Täglich Bibel gelesen:	1	2	3	4	5	6	7	8	9	10
Tägliche Gebetszeit:	1	2	3	4	5	6	7	8	9	10
Gottesdienst-Besuche:	1	2	3	4	5	6	7	8	9	10
Bibelstunden-Besuche:	1	2	3	4	5	6	7	8	9	10
Hilfe für Geschwister:	1	2	3	4	5	6	7	8	9	10
Dienste in der Gemeinde:	1	2	3	4	5	6	7	8	9	10
Zeugnis für Jesus gegeben:	1	2	3	4	5	6	7	8	9	10
Anfechtungen ertragen:	1	2	3	4	5	6	7	8	9	10
Bitten:	1	2	3	4	5	6	7	8	9	10
Danken:	1	2	3	4	5	6	7	8	9	10
Neue geistliche Erkenntnisse:	1	2	3	4	5	6	7	8	9	10
Ablenkungen nachgegangen:	1	2	3	4	5	6	7	8	9	10

Wofür ich diesen Monat dankbar bin

_____
_____
_____
_____
_____
_____
_____

Dieser Bibelvers hat mich gestärkt

Gebetsanliegen und -erhörungen

Gedanken zu diesem Monat

Bibelleseplan

Kapitel 1	Kapitel 2	Kapitel 3	Kapitel 4	Kapitel 5	Kapitel 6
1. Mose 5	Hiob 35	Psalm 75	Habakuk 2	Matthäus 9	Galater 3
1. Mose 6	Hiob 36	Psalm 76	Habakuk 3	Matthäus 10	Galater 4
1. Mose 7	Hiob 37	Psalm 77	Zephanja 1	Matthäus 11	Galater 5
1. Mose 8	Hiob 38	Psalm 78	Zephanja 2	Matthäus 12	Galater 6
1. Mose 9	Hiob 39	Psalm 79	Zephanja 3	Matthäus 13	Epheser 1
1. Mose 10	Hiob 40	Psalm 80	Haggai 1	Matthäus 14	Epheser 2
1. Mose 11	Hiob 41	Psalm 81	Haggai 2	Matthäus 15	Epheser 3
1. Mose 12	Hiob 42	Psalm 82	Sacharja 1	Matthäus 16	Epheser 4
1. Mose 13	1. Samuel 1	Psalm 83	Sacharja 2	Matthäus 17	Epheser 5
1. Mose 14	1. Samuel 2	Psalm 84	Sacharja 3	Matthäus 18	Epheser 6
1. Mose 15	1. Samuel 3	Psalm 85	Sacharja 4	Matthäus 19	Philipper 1
1. Mose 16	1. Samuel 4	Psalm 86	Sacharja 5	Matthäus 20	Philipper 2
1. Mose 17	1. Samuel 5	Psalm 87	Sacharja 6	Matthäus 21	Philipper 3
1. Mose 18	1. Samuel 6	Psalm 88	Sacharja 7	Matthäus 22	Philipper 4
1. Mose 19	1. Samuel 7	Psalm 89	Sacharja 8	Matthäus 23	Kolosser 1
1. Mose 20	1. Samuel 8	Psalm 90	Sacharja 9	Matthäus 24	Kolosser 2
1. Mose 21	1. Samuel 9	Psalm 91	Sacharja 10	Matthäus 25	Kolosser 3
1. Mose 22	1. Samuel 10	Psalm 92	Sacharja 11	Matthäus 26	Kolosser 4
1. Mose 23	1. Samuel 11	Psalm 93	Sacharja 12	Matthäus 27	1. Thess 1
1. Mose 24	1. Samuel 12	Psalm 94	Sacharja 13	Matthäus 28	1. Thess 2
1. Mose 25	1. Samuel 13	Psalm 95	Sacharja 14	Markus 1	1. Thess 3
1. Mose 26	1. Samuel 14	Psalm 96	Maleachi 1	Markus 2	1. Thess 4
1. Mose 27	1. Samuel 15	Psalm 97	Maleachi 2	Markus 3	1. Thess 5
1. Mose 28	1. Samuel 16	Psalm 98	Maleachi 3	Markus 4	2. Thess 1
1. Mose 29	1. Samuel 17	Psalm 99	Jesaja 1	Markus 5	2. Thess 2
1. Mose 30	1. Samuel 18	Psalm 100	Jesaja 2	Markus 6	2. Thess 3
1. Mose 31	1. Samuel 19	Psalm 101	Jesaja 3	Markus 7	1. Tim 1
1. Mose 32	1. Samuel 20	Psalm 102	Jesaja 4	Markus 8	1. Tim 2

Notizen und Gedanken

Mein geistlicher Monats-Check

Täglich Bibel gelesen:	1	2	3	4	5	6	7	8	9	10
Tägliche Gebetszeit:	1	2	3	4	5	6	7	8	9	10
Gottesdienst-Besuche:	1	2	3	4	5	6	7	8	9	10
Bibelstunden-Besuche:	1	2	3	4	5	6	7	8	9	10
Hilfe für Geschwister:	1	2	3	4	5	6	7	8	9	10
Dienste in der Gemeinde:	1	2	3	4	5	6	7	8	9	10
Zeugnis für Jesus gegeben:	1	2	3	4	5	6	7	8	9	10
Anfechtungen ertragen:	1	2	3	4	5	6	7	8	9	10
Bitten:	1	2	3	4	5	6	7	8	9	10
Danken:	1	2	3	4	5	6	7	8	9	10
Neue geistliche Erkenntnisse:	1	2	3	4	5	6	7	8	9	10
Ablenkungen nachgegangen:	1	2	3	4	5	6	7	8	9	10

Wofür ich diesen Monat dankbar bin

_____
_____
_____
_____
_____
_____

Gottes Trost habe ich erfahren, als ...

Gebetsanliegen und -erhörungen

Notizen zu diesem Monat

Im übrigen wird von einem Haushalter nur verlangt, dass er treu erfunden wird.

1. Korinther 4,2

Der besondere Kellner

Auf der Rückreise von Amerika nach Liverpool (England) - so erzählt ein Reisender - glaubte ich, auf dem Schiff niemanden zu finden, der Jesus kannte. Ich selbst war erst vor Kurzem gläubig geworden und brauchte die Stärkung und Ermunterung aus Gottes Wort. Da hörte ich, wie der Kapitän über den Kellner, einen schon älteren Mann spottete und ihm drohte, er wolle eine Glocke über seine Kabine hängen, zum Zeichen, dass hier ein Bethaus sei. So merkte ich, dass dieser Mann ein wahrer Christ sein müsse. Schon vorher war mir die Sanftmut und freundliche Aufmerksamkeit aufgefallen, mit welcher der Kellner alle bediente. Ich fand in dem Mann einen tief gegründeten und an Erfahrung reichen Christen, von dem ich vieles zu lernen hatte. Ich war damals als junger Christ oft in Versuchung, meinen HERRN vor Seinen Feinden zu verleugnen oder in der Unterhaltung am Tisch den Anschauungen der Welt nachzugeben. Aber seit ich den Kellner kennengelernt hatte, durfte ich zu den ungläubigen Reden meiner Reisegefährten nie schweigen. Manches Mal, wenn er am Tisch bediente, sah er mich mit einem Blick des Mitleids und der Trauer an, wenn ich nicht freudig für den HERRN und Sein Wort einstehen wollte. Dann nahm er mich, sobald sich die Situation anbot, allein zur Seite und sagte:

„O, lieber Herr, auf diese Weise werden Sie nie vollen Frieden haben! Man erhält keinen vollen Frieden, solange man nicht den HERRN treu bekennt." Dabei waren seine Bemerkungen immer freundlich, höflich und herzlich. Aber er nahm sich nicht nur meiner an, auch für seinen Kapitän und für die Passagiere und die einzelnen Matrosen hatte er bei passender Gelegenheit ein Wort, um sie auf den Weg des Lebens zu weisen. Sein freimütiges Bekenntnis der Wahrheit und sein liebevolles Herz nahmen seinen Ermahnungen jede kränkende Beimischung. Da sein Betragen immer mit seinen Worten übereinstimmte, so war jedermann genötigt, ihn zu achten. Oft dachte ich, wie schwer er es doch habe, da er durch seinen Beruf unaufhörlich mit ungläubigen Menschen umgehen müsse. Die rauen Matrosen und der spöttische Kapitän waren doch keine leichte Gesellschaft für den alten Christen. Ich fragte ihn einmal, weshalb er in dieser schwierigen Anstellung bliebe; er könnte doch in jedem anderen Beruf Gott leichter dienen. Da sagte er lächelnd: „Sehen Sie, jede Reise habe ich eine neue Gemeinde. Jedes Mal kann ich neuen Leuten das Evangelium predigen!" Jetzt begriff ich, warum mein alter Freund immer auf diesem Schiff Kellner blieb. Es war Treue für seinen HERRN.

Bibelleseplan

Kapitel 1	Kapitel 2	Kapitel 3	Kapitel 4	Kapitel 5	Kapitel 6
1. Mose 33	1. Samuel 21	Psalm 103	Jesaja 5	Markus 9	1. Tim 3
1. Mose 34	1. Samuel 22	Psalm 104	Jesaja 6	Markus 10	1. Tim 4
1. Mose 35	1. Samuel 23	Psalm 105	Jesaja 7	Markus 11	1. Tim 5
1. Mose 36	1. Samuel 24	Psalm 106	Jesaja 8	Markus 12	1. Tim 6
1. Mose 37	1. Samuel 25	Psalm 107	Jesaja 9	Markus 13	2. Tim 1
1. Mose 38	1. Samuel 26	Psalm 108	Jesaja 10	Markus 14	2. Tim 2
1. Mose 39	1. Samuel 27	Psalm 109	Jesaja 11	Markus 15	2. Tim 3
1. Mose 40	1. Samuel 28	Psalm 110	Jesaja 12	Markus 16	2. Tim 4
1. Mose 41	1. Samuel 29	Psalm 111	Jesaja 13	Lukas 1	Titus 1
1. Mose 42	1. Samuel 30	Psalm 112	Jesaja 14	Lukas 2	Titus 2
1. Mose 43	1. Samuel 31	Psalm 113	Jesaja 15	Lukas 3	Titus 3
1. Mose 44	2. Samuel 1	Psalm 114	Jesaja 16	Lukas 4	Philemon
1. Mose 45	2. Samuel 2	Psalm 115	Jesaja 17	Lukas 5	Hebräer 1
1. Mose 46	2. Samuel 3	Psalm 116	Jesaja 18	Lukas 6	Hebräer 2
1. Mose 47	2. Samuel 4	Psalm 117	Jesaja 19	Lukas 7	Hebräer 3
1. Mose 48	2. Samuel 5	Psalm 118	Jesaja 20	Lukas 8	Hebräer 4
1. Mose 49	2. Samuel 6	Psalm 119	Jesaja 21	Lukas 9	Hebräer 5
1. Mose 50	2. Samuel 7	Psalm 120	Jesaja 22	Lukas 10	Hebräer 6
2. Mose 1	2. Samuel 8	Psalm 121	Jesaja 23	Lukas 11	Hebräer 7
2. Mose 2	2. Samuel 9	Psalm 122	Jesaja 24	Lukas 12	Hebräer 8
2. Mose 3	2. Samuel 10	Psalm 123	Jesaja 25	Lukas 13	Hebräer 9
2. Mose 4	2. Samuel 11	Psalm 124	Jesaja 26	Lukas 14	Hebräer 10
2. Mose 5	2. Samuel 12	Psalm 125	Jesaja 27	Lukas 15	Hebräer 11
2. Mose 6	2. Samuel 13	Psalm 126	Jesaja 28	Lukas 16	Hebräer 12
2. Mose 7	2. Samuel 14	Psalm 127	Jesaja 29	Lukas 17	Hebräer 13
2. Mose 8	2. Samuel 15	Psalm 128	Jesaja 30	Lukas 18	Jakobus 1
2. Mose 9	2. Samuel 16	Psalm 129	Jesaja 31	Lukas 19	Jakobus 2
2. Mose 10	2. Samuel 17	Psalm 130	Jesaja 32	Lukas 20	Jakobus 3

Notizen und Gedanken

Mein geistlicher Monats-Check

Täglich Bibel gelesen:	1	2	3	4	5	6	7	8	9	10
Tägliche Gebetszeit:	1	2	3	4	5	6	7	8	9	10
Gottesdienst-Besuche:	1	2	3	4	5	6	7	8	9	10
Bibelstunden-Besuche:	1	2	3	4	5	6	7	8	9	10
Hilfe für Geschwister:	1	2	3	4	5	6	7	8	9	10
Dienste in der Gemeinde:	1	2	3	4	5	6	7	8	9	10
Zeugnis für Jesus gegeben:	1	2	3	4	5	6	7	8	9	10
Anfechtungen ertragen:	1	2	3	4	5	6	7	8	9	10
Bitten:	1	2	3	4	5	6	7	8	9	10
Danken:	1	2	3	4	5	6	7	8	9	10
Neue geistliche Erkenntnisse:	1	2	3	4	5	6	7	8	9	10
Ablenkungen nachgegangen:	1	2	3	4	5	6	7	8	9	10

Wofür ich diesen Monat dankbar bin

_____
_____
_____
_____
_____
_____

Diese Entscheidung hätte ich anders getroffen

Gebetsanliegen und -erhörungen

Gedanken zu diesem Monat

Bibelleseplan

Kapitel 1	Kapitel 2	Kapitel 3	Kapitel 4	Kapitel 5	Kapitel 6
2. Mose 11	2. Samuel 18	Psalm 131	Jesaja 33	Lukas 21	Jakobus 4
2. Mose 12	2. Samuel 19	Psalm 132	Jesaja 34	Lukas 22	Jakobus 5
2. Mose 13	2. Samuel 20	Psalm 133	Jesaja 35	Lukas 23	1. Petrus 1
2. Mose 14	2. Samuel 21	Psalm 134	Jesaja 36	Lukas 24	1. Petrus 2
2. Mose 15	2. Samuel 22	Psalm 135	Jesaja 37	Johannes 1	1. Petrus 3
2. Mose 16	2. Samuel 23	Psalm 136	Jesaja 38	Johannes 2	1. Petrus 4
2. Mose 17	2. Samuel 24	Psalm 137	Jesaja 39	Johannes 3	1. Petrus 5
2. Mose 18	1. Könige 1	Psalm 138	Jesaja 40	Johannes 4	2. Petrus 1
2. Mose 19	1. Könige 2	Psalm 139	Jesaja 41	Johannes 5	2. Petrus 2
2. Mose 20	1. Könige 3	Psalm 140	Jesaja 42	Johannes 6	2. Petrus 3
2. Mose 21	1. Könige 4	Psalm 141	Jesaja 43	Johannes 7	1. Johannes 1
2. Mose 22	1. Könige 5	Psalm 142	Jesaja 44	Johannes 8	1. Johannes 2
2. Mose 23	1. Könige 6	Psalm 143	Jesaja 45	Johannes 9	1. Johannes 3
2. Mose 24	1. Könige 7	Psalm 144	Jesaja 46	Johannes 10	1. Johannes 4
2. Mose 25	1. Könige 8	Psalm 145	Jesaja 47	Johannes 11	1. Johannes 5
2. Mose 26	1. Könige 9	Psalm 146	Jesaja 48	Johannes 12	2. Johannes
2. Mose 27	1. Könige 10	Psalm 147	Jesaja 49	Johannes 13	3. Johannes
2. Mose 28	1. Könige 11	Psalm 148	Jesaja 50	Johannes 14	Judas
2. Mose 29	1. Könige 12	Psalm 149	Jesaja 51	Johannes 15	Offb 1
2. Mose 30	1. Könige 13	Psalm 150	Jesaja 52	Johannes 16	Offb 2
2. Mose 31	1. Könige 14	Sprüche 1	Jesaja 53	Johannes 17	Offb 3
2. Mose 32	1. Könige 15	Sprüche 2	Jesaja 54	Johannes 18	Offb 4
2. Mose 33	1. Könige 16	Sprüche 3	Jesaja 55	Johannes 19	Offb 5
2. Mose 34	1. Könige 17	Sprüche 4	Jesaja 56	Johannes 20	Offb 6
2. Mose 35	1. Könige 18	Sprüche 5	Jesaja 57	Johannes 21	Offb 7
2. Mose 36	1. Könige 19	Sprüche 6	Jesaja 58	Apg 1	Offb 8
2. Mose 37	1. Könige 20	Sprüche 7	Jesaja 59	Apg 2	Offb 9
2. Mose 38	1. Könige 21	Sprüche 8	Jesaja 60	Apg 3	Offb 10

Notizen und Gedanken

Mein geistlicher Monats-Check

Täglich Bibel gelesen:	1	2	3	4	5	6	7	8	9	10
Tägliche Gebetszeit:	1	2	3	4	5	6	7	8	9	10
Gottesdienst-Besuche:	1	2	3	4	5	6	7	8	9	10
Bibelstunden-Besuche:	1	2	3	4	5	6	7	8	9	10
Hilfe für Geschwister:	1	2	3	4	5	6	7	8	9	10
Dienste in der Gemeinde:	1	2	3	4	5	6	7	8	9	10
Zeugnis für Jesus gegeben:	1	2	3	4	5	6	7	8	9	10
Anfechtungen ertragen:	1	2	3	4	5	6	7	8	9	10
Bitten:	1	2	3	4	5	6	7	8	9	10
Danken:	1	2	3	4	5	6	7	8	9	10
Neue geistliche Erkenntnisse:	1	2	3	4	5	6	7	8	9	10
Ablenkungen nachgegangen:	1	2	3	4	5	6	7	8	9	10

Wofür ich diesen Monat dankbar bin

_____
_____
_____
_____
_____
_____

Diesen Dienst schiebe ich immer vor mir her

Gebetsanliegen und –erhörungen

Notizen zu diesem Monat

Denn Gott, der dem Licht gebot, aus der Finsternis hervorzuleuchten, er hat es auch in unseren Herzen licht werden lassen, damit wir erleuchtet werden mit der Erkenntnis der Herrlichkeit Gottes im Angesicht Jesu Christi.

2. Korinther 4,6

Doppelt vom Wort getroffen

Vor einiger Zeit ging ein Korporal der Alpenjäger namens Favero in Rom über den Hof des Garnisonslazaretts. Plötzlich erhielt er einen Wurf an die Schulter und meinte, dass ein Stein in getroffen hätte. Er sah sich um und sah, dass es ein Buch war, dass aus einem Fenster des Lazaretts herausgeworfen wurde. Eine Krankenschwester hatte das Buch bei einem Kranken gefunden, es im entrissen und im Zorn aus dem Fenster geworfen. Diese arme Krankenpflegerin hatte keine Vorstellung davon, dass dieses Buch - es war ein Neues Testament in italienischer Sprache - für sie und alle Menschen Worte des ewigen Lebens, Worte, durch die man reich und glücklich wird, enthält. Korporal Favero hob das Buch auf; er kannte es nicht, er hatte noch nie eine Bibel in der Hand gehabt. Er begann darin zu lesen und bald wurde sein Herz von dem Wort Gottes tief bewegt. In dem Deckel des Testaments war die Adresse eines gläubigen Lehrers geschrieben. Dieser hatte den Auftrag von Gott empfangen, unter den italienischen Soldaten das Evangelium zu verbreiten und Gott hat diesen Dienst mit wunderbarem Segen bestätigt. Capellini, jener Lehrer, wurde von Korporal Favero aufgesucht und er unterweis ihn im Wort Gottes. So fand der Korporal Frieden mit Gott, wurde ein wahrer Christ und durch ihn wurden mehrere seiner Kameraden, wie auch sein eigener alter Vater zu Jesu bekehrt.

Das Wort Gottes hatte ihn nicht nur körperlich an der Schulter getroffen, sondern so tief in sein Herz, dass sein ganzes Herz und Leben verwandelt wurde. Er war bisher ohne Gott und ohne Hoffnung durch das Leben gegangen; nun sah er die Berge seiner Sünde und Schuld, die ihn von Gott schieden. Er sah aber auch, dass der HERR vor ihm stand, um ihn aus seinem verlorenen Zustand zu erretten, ihm ewiges Leben zu schenken.

Das Wort Gottes leuchtete als ein helles Licht in sein Leben, die Liebe Gottes überwand ihn.

Bibelleseplan

Kapitel 1	Kapitel 2	Kapitel 3	Kapitel 4	Kapitel 5	Kapitel 6
2. Mose 39	1. Könige 22	Sprüche 9	Jesaja 61	Apg 4	Offb 11
2. Mose 40	2. Könige 1	Sprüche 10	Jesaja 62	Apg 5	Offb 12
3. Mose 1	2. Könige 2	Sprüche 11	Jesaja 63	Apg 6	Offb 13
3. Mose 2	2. Könige 3	Sprüche 12	Jesaja 64	Apg 7	Offb 14
3. Mose 3	2. Könige 4	Sprüche 13	Jesaja 65	Apg 8	Offb 15
3. Mose 4	2. Könige 5	Sprüche 14	Jesaja 66	Apg 9	Offb 16
3. Mose 5	2. Könige 6	Sprüche 15	Jeremia 1	Apg 10	Offb 17
3. Mose 6	2. Könige 7	Sprüche 16	Jeremia 2	Apg 11	Offb 18
3. Mose 7	2. Könige 8	Sprüche 17	Jeremia 3	Apg 12	Offb 19
3. Mose 8	2. Könige 9	Sprüche 18	Jeremia 4	Apg 13	Offb 20
3. Mose 9	2. Könige 10	Sprüche 19	Jeremia 5	Apg 14	Offb 21
3. Mose 10	2. Könige 11	Sprüche 20	Jeremia 6	Apg 15	Offb 22
3. Mose 11	2. Könige 12	Sprüche 21	Jeremia 7	Apg 16	Römer 1
3. Mose 12	2. Könige 13	Sprüche 22	Jeremia 8	Apg 17	Römer 2
3. Mose 13	2. Könige 14	Sprüche 23	Jeremia 9	Apg 18	Römer 3
3. Mose 14	2. Könige 15	Sprüche 24	Jeremia 10	Apg 19	Römer 4
3. Mose 15	2. Könige 16	Sprüche 25	Jeremia 11	Apg 20	Römer 5
3. Mose 16	2. Könige 17	Sprüche 26	Jeremia 12	Apg 21	Römer 6
3. Mose 17	2. Könige 18	Sprüche 27	Jeremia 13	Apg 22	Römer 7
3. Mose 18	2. Könige 19	Sprüche 28	Jeremia 14	Apg 23	Römer 8
3. Mose 19	2. Könige 20	Sprüche 29	Jeremia 15	Apg 24	Römer 9
3. Mose 20	2. Könige 21	Sprüche 30	Jeremia 16	Apg 25	Römer 10
3. Mose 21	2. Könige 22	Sprüche 31	Jeremia 17	Apg 26	Römer 11
3. Mose 22	2. Könige 23	Prediger 1	Jeremia 18	Apg 27	Römer 12
3. Mose 23	2. Könige 24	Prediger 2	Jeremia 19	Apg 28	Römer 13
3. Mose 24	2. Könige 25	Prediger 3	Jeremia 20	Matthäus 1	Römer 14
3. Mose 25	1. Chronik 1	Prediger 4	Jeremia 21	Matthäus 2	Römer 15
3. Mose 26	1. Chronik 2	Prediger 5	Jeremia 22	Matthäus 3	Römer 16

Notizen und Gedanken

Mein geistlicher Monats-Check

Täglich Bibel gelesen:	1	2	3	4	5	6	7	8	9	10
Tägliche Gebetszeit:	1	2	3	4	5	6	7	8	9	10
Gottesdienst-Besuche:	1	2	3	4	5	6	7	8	9	10
Bibelstunden-Besuche:	1	2	3	4	5	6	7	8	9	10
Hilfe für Geschwister:	1	2	3	4	5	6	7	8	9	10
Dienste in der Gemeinde:	1	2	3	4	5	6	7	8	9	10
Zeugnis für Jesus gegeben:	1	2	3	4	5	6	7	8	9	10
Anfechtungen ertragen:	1	2	3	4	5	6	7	8	9	10
Bitten:	1	2	3	4	5	6	7	8	9	10
Danken:	1	2	3	4	5	6	7	8	9	10
Neue geistliche Erkenntnisse:	1	2	3	4	5	6	7	8	9	10
Ablenkungen nachgegangen:	1	2	3	4	5	6	7	8	9	10

Wofür ich diesen Monat dankbar bin

_____
_____
_____
_____
_____
_____
_____

Wie der Herr mich gebrauchen konnte

Gebetsanliegen und -erhörungen

Gedanken zu diesem Monat

Bibelleseplan

Kapitel 1	Kapitel 2	Kapitel 3	Kapitel 4	Kapitel 5	Kapitel 6
3. Mose 27	1. Chronik 3	Prediger 6	Jeremia 23	Matthäus 4	1. Kor 1
4. Mose 1	1. Chronik 4	Prediger 7	Jeremia 24	Matthäus 5	1. Kor 2
4. Mose 2	1. Chronik 5	Prediger 8	Jeremia 25	Matthäus 6	1. Kor 3
4. Mose 3	1. Chronik 6	Prediger 9	Jeremia 26	Matthäus 7	1. Kor 4
4. Mose 4	1. Chronik 7	Prediger 10	Jeremia 27	Matthäus 8	1. Kor 5
4. Mose 5	1. Chronik 8	Prediger 11	Jeremia 28	Matthäus 9	1. Kor 6
4. Mose 6	1. Chronik 9	Prediger 12	Jeremia 29	Matthäus 10	1. Kor 7
4. Mose 7	1. Chronik 10	Hohelied 1	Jeremia 30	Matthäus 11	1. Kor 8
4. Mose 8	1. Chronik 11	Hohelied 2	Jeremia 31	Matthäus 12	1. Kor 9
4. Mose 9	1. Chronik 12	Hohelied 3	Jeremia 32	Matthäus 13	1. Kor 10
4. Mose 10	1. Chronik 13	Hohelied 4	Jeremia 33	Matthäus 14	1. Kor 11
4. Mose 11	1. Chronik 14	Hohelied 5	Jeremia 34	Matthäus 15	1. Kor 12
4. Mose 12	1. Chronik 15	Hohelied 6	Jeremia 35	Matthäus 16	1. Kor 13
4. Mose 13	1. Chronik 16	Hohelied 7	Jeremia 36	Matthäus 17	1. Kor 14
4. Mose 14	1. Chronik 17	Hohelied 8	Jeremia 37	Matthäus 18	1. Kor 15
4. Mose 15	1. Chronik 18	Psalm 1	Jeremia 38	Matthäus 19	1. Kor 16
4. Mose 16	1. Chronik 19	Psalm 2	Jeremia 39	Matthäus 20	2. Kor 1
4. Mose 17	1. Chronik 20	Psalm 3	Jeremia 40	Matthäus 21	2. Kor 2
4. Mose 18	1. Chronik 21	Psalm 4	Jeremia 41	Matthäus 22	2. Kor 3
4. Mose 19	1. Chronik 22	Psalm 5	Jeremia 42	Matthäus 23	2. Kor 4
4. Mose 20	1. Chronik 23	Psalm 6	Jeremia 43	Matthäus 24	2. Kor 5
4. Mose 21	1. Chronik 24	Psalm 7	Jeremia 44	Matthäus 25	2. Kor 6
4. Mose 22	1. Chronik 25	Psalm 8	Jeremia 45	Matthäus 26	2. Kor 7
4. Mose 23	1. Chronik 26	Psalm 9	Jeremia 46	Matthäus 27	2. Kor 8
4. Mose 24	1. Chronik 27	Psalm 10	Jeremia 47	Matthäus 28	2. Kor 9
4. Mose 25	1. Chronik 28	Psalm 11	Jeremia 48	Markus 1	2. Kor 10
4. Mose 26	1. Chronik 29	Psalm 12	Jeremia 49	Markus 2	2. Kor 11
4. Mose 27	2. Chronik 1	Psalm 13	Jeremia 50	Markus 3	2. Kor 12

Notizen und Gedanken

Mein geistlicher Monats-Check

Täglich Bibel gelesen:	1	2	3	4	5	6	7	8	9	10
Tägliche Gebetszeit:	1	2	3	4	5	6	7	8	9	10
Gottesdienst-Besuche:	1	2	3	4	5	6	7	8	9	10
Bibelstunden-Besuche:	1	2	3	4	5	6	7	8	9	10
Hilfe für Geschwister:	1	2	3	4	5	6	7	8	9	10
Dienste in der Gemeinde:	1	2	3	4	5	6	7	8	9	10
Zeugnis für Jesus gegeben:	1	2	3	4	5	6	7	8	9	10
Anfechtungen ertragen:	1	2	3	4	5	6	7	8	9	10
Bitten:	1	2	3	4	5	6	7	8	9	10
Danken:	1	2	3	4	5	6	7	8	9	10
Neue geistliche Erkenntnisse:	1	2	3	4	5	6	7	8	9	10
Ablenkungen nachgegangen:	1	2	3	4	5	6	7	8	9	10

Wofür ich diesen Monat dankbar bin

_____
_____
_____
_____
_____
_____
_____

Dieses Zeugnis durfte ich geben

Gebetsanliegen und -erhörungen

Notizen zu diesem Monat

Denn das Wort Gottes ist lebendig und wirksam und schärfer als jedes zweischneidige Schwert, und es dringt durch, bis es scheidet sowohl Seele als auch Geist, sowohl Mark als auch Bein, und es ist ein Richter der Gedanken und Gesinnungen des Herzens.

Hebräer 4,12

Die Predigt im Zirkus

An einem Samstagabend ging der Zirkus in M. in die Hände einiger Christen über. Sie hatten ihn gemietet um für einige Abende das Evangelium in dem weitläufigen Raum zu verkündigen. Noch an demselben Abend kamen mehrere Freunde dort zusammen, um einige Bilder und Tierarten zu entfernen, die bei der Verkündigung des Evangeliums die Andacht hätten stören können. Diese Arbeit wurde eben fertig und die Leitern schon weggeräumt, als der junge Lehrer des Ortes angelaufen kam. Er hatte in den freien Stunden der ganzen Woche an einem Wandspruch gearbeitet, den er nun noch im Zirkus anbringen lassen wollte. „Es ist zu spät!" rief man ihm entgegen; aber er bat weiter, denn in diese Arbeit hatte er viele Glaubensgebete um Segen hineingewoben. Man stellte also die Leiter nochmal auf und befestigte über der Eingangstür den Spruch:

„Das Blut Jesu Christi, des Sohnes Gottes, macht uns rein von aller Sünde".

Unter den Besuchern der ersten Versammlung war ein altes, einfaches Ehepaar, das in den vorhergehenden Tagen den Zirkus besucht hatte und nun aus Neugierde kam, um zu sehen, wie eine Evangelisation in diesem Raum aussehen würde. Die beiden Alten waren ziemlich früh da und ihre neugierig umherschweifenden Blicke fielen bald auf den auffälligen Spruch über der Tür. Halblaut las der Mann den Spruch seiner Frau vor. Jeder einzelne Buchstabe schien plötzlich lebendig zu werden. Der Spruch predigte ihm von seinen vielen Sünden und verkündigte ihm zugleich, wie er davon befreit werden könne. Das Wort nahm in ganz in Anspruch, er hörte kaum, was gesungen und geredet wurde und doch war vielleicht niemand an diesem Abend so von Gottes Wort und Geist ergriffen, wie dieser Mann. Der Eindruck vertiefte sich; nach einigen Tagen erfasst er es mit dem Herzen als eine Wirklichkeit, dass auch ihn das Blut Christi rein gewaschen hat von aller Sünde, dass auch er in dem Wörtchen „uns" mit eingeschlossen war. Wie gut war es, dass er so schnell Vergebung und Frieden fand, denn schon nach 14 Tagen war nach Gottes Ratschluss sein Leben abgelaufen. Aber sein Herz war von tiefem Frieden erfüllt und eines seiner letzten Worte war dies: „Das Blut Jesu Christi, des Sohnes Gottes, macht uns rein von aller Sünde".

Bibelleseplan

Kapitel 1	Kapitel 2	Kapitel 3	Kapitel 4	Kapitel 5	Kapitel 6
4. Mose 28	2. Chronik 2	Psalm 14	Jeremia 51	Markus 4	2. Kor 13
4. Mose 29	2. Chronik 3	Psalm 15	Jeremia 52	Markus 5	Galater 1
4. Mose 30	2. Chronik 4	Psalm 16	Klagelieder 1	Markus 6	Galater 2
4. Mose 31	2. Chronik 5	Psalm 17	Klagelieder 2	Markus 7	Galater 3
4. Mose 32	2. Chronik 6	Psalm 18	Klagelieder 3	Markus 8	Galater 4
4. Mose 33	2. Chronik 7	Psalm 19	Klagelieder 4	Markus 9	Galater 5
4. Mose 34	2. Chronik 8	Psalm 20	Klagelieder 5	Markus 10	Galater 6
4. Mose 35	2. Chronik 9	Psalm 21	Hesekiel 1	Markus 11	Epheser 1
4. Mose 36	2. Chronik 10	Psalm 22	Hesekiel 2	Markus 12	Epheser 2
5. Mose 1	2. Chronik 11	Psalm 23	Hesekiel 3	Markus 13	Epheser 3
5. Mose 2	2. Chronik 12	Psalm 24	Hesekiel 4	Markus 14	Epheser 4
5. Mose 3	2. Chronik 13	Psalm 25	Hesekiel 5	Markus 15	Epheser 5
5. Mose 4	2. Chronik 14	Psalm 26	Hesekiel 6	Markus 16	Epheser 6
5. Mose 5	2. Chronik 15	Psalm 27	Hesekiel 7	Lukas 1	Philipper 1
5. Mose 6	2. Chronik 16	Psalm 28	Hesekiel 8	Lukas 2	Philipper 2
5. Mose 7	2. Chronik 17	Psalm 29	Hesekiel 9	Lukas 3	Philipper 3
5. Mose 8	2. Chronik 18	Psalm 30	Hesekiel 10	Lukas 4	Philipper 4
5. Mose 9	2. Chronik 19	Psalm 31	Hesekiel 11	Lukas 5	Kolosser 1
5. Mose 10	2. Chronik 20	Psalm 32	Hesekiel 12	Lukas 6	Kolosser 2
5. Mose 11	2. Chronik 21	Psalm 33	Hesekiel 13	Lukas 7	Kolosser 3
5. Mose 12	2. Chronik 22	Psalm 34	Hesekiel 14	Lukas 8	Kolosser 4
5. Mose 13	2. Chronik 23	Psalm 35	Hesekiel 15	Lukas 9	1. Thess 1
5. Mose 14	2. Chronik 24	Psalm 36	Hesekiel 16	Lukas 10	1. Thess 2
5. Mose 15	2. Chronik 25	Psalm 37	Hesekiel 17	Lukas 11	1. Thess 3
5. Mose 16	2. Chronik 26	Psalm 38	Hesekiel 18	Lukas 12	1. Thess 4
5. Mose 17	2. Chronik 27	Psalm 39	Hesekiel 19	Lukas 13	1. Thess 5
5. Mose 18	2. Chronik 28	Psalm 40	Hesekiel 20	Lukas 14	2. Thess 1
5. Mose 19	2. Chronik 29	Psalm 41	Hesekiel 21	Lukas 15	2. Thess 2

Notizen und Gedanken

Mein geistlicher Monats-Check

Täglich Bibel gelesen:	1	2	3	4	5	6	7	8	9	10
Tägliche Gebetszeit:	1	2	3	4	5	6	7	8	9	10
Gottesdienst-Besuche:	1	2	3	4	5	6	7	8	9	10
Bibelstunden-Besuche:	1	2	3	4	5	6	7	8	9	10
Hilfe für Geschwister:	1	2	3	4	5	6	7	8	9	10
Dienste in der Gemeinde:	1	2	3	4	5	6	7	8	9	10
Zeugnis für Jesus gegeben:	1	2	3	4	5	6	7	8	9	10
Anfechtungen ertragen:	1	2	3	4	5	6	7	8	9	10
Bitten:	1	2	3	4	5	6	7	8	9	10
Danken:	1	2	3	4	5	6	7	8	9	10
Neue geistliche Erkenntnisse:	1	2	3	4	5	6	7	8	9	10
Ablenkungen nachgegangen:	1	2	3	4	5	6	7	8	9	10

Wofür ich diesen Monat dankbar bin

_____
_____
_____
_____
_____
_____
_____

Schreibe 2 Verse aus dem letzten Lese-Abschnitt auf

_____
_____
_____
_____
_____
_____
_____
_____

Gebetsanliegen und -erhörungen

_____
_____
_____
_____
_____
_____
_____
_____

Gedanken zu diesem Monat

_____
_____
_____
_____

Bibelleseplan

Kapitel 1	Kapitel 2	Kapitel 3	Kapitel 4	Kapitel 5	Kapitel 6
5. Mose 20	2. Chronik 30	Psalm 42	Hesekiel 22	Lukas 16	2. Thess 3
5. Mose 21	2. Chronik 31	Psalm 43	Hesekiel 23	Lukas 17	1. Tim 1
5. Mose 22	2. Chronik 32	Psalm 44	Hesekiel 24	Lukas 18	1. Tim 2
5. Mose 23	2. Chronik 33	Psalm 45	Hesekiel 25	Lukas 19	1. Tim 3
5. Mose 24	2. Chronik 34	Psalm 46	Hesekiel 26	Lukas 20	1. Tim 4
5. Mose 25	2. Chronik 35	Psalm 47	Hesekiel 27	Lukas 21	1. Tim 5
5. Mose 26	2. Chronik 36	Psalm 48	Hesekiel 28	Lukas 22	1. Tim 6
5. Mose 27	Esra 1	Psalm 49	Hesekiel 29	Lukas 23	2. Tim 1
5. Mose 28	Esra 2	Psalm 50	Hesekiel 30	Lukas 24	2. Tim 2
5. Mose 29	Esra 3	Psalm 51	Hesekiel 31	Johannes 1	2. Tim 3
5. Mose 30	Esra 4	Psalm 52	Hesekiel 32	Johannes 2	2. Tim 4
5. Mose 31	Esra 5	Psalm 53	Hesekiel 33	Johannes 3	Titus 1
5. Mose 32	Esra 6	Psalm 54	Hesekiel 34	Johannes 4	Titus 2
5. Mose 33	Esra 7	Psalm 55	Hesekiel 35	Johannes 5	Titus 3
5. Mose 34	Esra 8	Psalm 56	Hesekiel 36	Johannes 6	Philemon
Josua 1	Esra 9	Psalm 57	Hesekiel 37	Johannes 7	Hebräer 1
Josua 2	Esra 10	Psalm 58	Hesekiel 38	Johannes 8	Hebräer 2
Josua 3	Nehemia 1	Psalm 59	Hesekiel 39	Johannes 9	Hebräer 3
Josua 4	Nehemia 2	Psalm 60	Hesekiel 40	Johannes 10	Hebräer 4
Josua 5	Nehemia 3	Psalm 61	Hesekiel 41	Johannes 11	Hebräer 5
Josua 6	Nehemia 4	Psalm 62	Hesekiel 42	Johannes 12	Hebräer 6
Josua 7	Nehemia 5	Psalm 63	Hesekiel 43	Johannes 13	Hebräer 7
Josua 8	Nehemia 6	Psalm 64	Hesekiel 44	Johannes 14	Hebräer 8
Josua 9	Nehemia 7	Psalm 65	Hesekiel 45	Johannes 15	Hebräer 9
Josua 10	Nehemia 8	Psalm 66	Hesekiel 46	Johannes 16	Hebräer 10
Josua 11	Nehemia 9	Psalm 67	Hesekiel 47	Johannes 17	Hebräer 11
Josua 12	Nehemia 10	Psalm 68	Hesekiel 48	Johannes 18	Hebräer 12
Josua 13	Nehemia 11	Psalm 69	Daniel 1	Johannes 19	Hebräer 13

Notizen und Gedanken

Mein geistlicher Monats-Check

Täglich Bibel gelesen:	1	2	3	4	5	6	7	8	9	10
Tägliche Gebetszeit:	1	2	3	4	5	6	7	8	9	10
Gottesdienst-Besuche:	1	2	3	4	5	6	7	8	9	10
Bibelstunden-Besuche:	1	2	3	4	5	6	7	8	9	10
Hilfe für Geschwister:	1	2	3	4	5	6	7	8	9	10
Dienste in der Gemeinde:	1	2	3	4	5	6	7	8	9	10
Zeugnis für Jesus gegeben:	1	2	3	4	5	6	7	8	9	10
Anfechtungen ertragen:	1	2	3	4	5	6	7	8	9	10
Bitten:	1	2	3	4	5	6	7	8	9	10
Danken:	1	2	3	4	5	6	7	8	9	10
Neue geistliche Erkenntnisse:	1	2	3	4	5	6	7	8	9	10
Ablenkungen nachgegangen:	1	2	3	4	5	6	7	8	9	10

Wofür ich diesen Monat dankbar bin

_____
_____
_____
_____
_____
_____
_____

Konnte ich die Hindernisse im Bibellesen überwinden?

Gebetsanliegen und -erhörungen

Notizen zu diesem Monat

Wer aber von dem Wasser trinkt, das ich ihm geben werde, den wird in Ewigkeit nicht dürsten, sondern das Wasser, das ich ihm geben werde, wird in ihm zu einer Quelle von Wasser werden, die bis ins ewige Leben quillt.

Johannes 4,14

Dem Flehen des Vaters widerstanden

Wie viele Märtyrer und Zeugen haben alles, was sie hatten und waren, aufgegeben - sie werden die Frucht dieser Aussaat in der Ewigkeit finden. Die Märtyrerin Perpetua, eine junge Frau aus einer vornehmen und reichen Familie, die im Jahr 203 ihr Leben in Nordafrika als Bekennerin Jesu opferte, hat während ihrer Gefangenschaft ein Tagebuch geführt. Darin erzählt sie:

„Mein Vater kam wieder zu mir, er war abgemagert vor Gram. Er setzte mir hart zu, um mich zum Abfall zu bewegen: 'Erbarme dich, meine Tochter, meiner grauen Haare! Erbarme dich deines Vaters, wenn ich noch wert bin, dein Vater genannt zu werden! Hab ich mit diesen, meinen Händen, dich bis in die Blüte deines Lebens hineingeführt, hab ich dich all deinen Brüdern vorgezogen, o so gib mich nicht der Schande vor allen Leuten preis! Denk an deine Brüder, denk an deine Mutter, denk an dein Kind, das ohne dich nicht leben kann. Brich deinen Eigensinn, du stürzt uns sonst alle ins Verderben. Keiner von uns wird mehr wagen, den Mund aufzumachen, wenn dir dieses Ärgste (er meinte, öffentlich als Christin den wilden Tieren preisgegeben zu werden) widerfährt!'

So sprach mein Vater mit allem Ernst und aller Liebe, die ihm gegeben war. Dann küsste er mir die Hände, dann warf er sich vor mir nieder und nannte mich weinend nicht Tochter mehr, nein, Herrin."

Diese Christin konnte dem Flehen ihres Vaters widerstehen, denn Jesus war ihr mehr als alles. Sie legte alles, was sie hatte, selbst ihr geliebtes Kind, dem HERRN hin - sie gab ihr Leben dahin, um bei dem HERRN tausendfältig wiederzufinden, was sie Ihm gegeben hatte.

Bibelleseplan

Kapitel 1	Kapitel 2	Kapitel 3	Kapitel 4	Kapitel 5	Kapitel 6
Josua 14	Nehemia 12	Psalm 70	Daniel 2	Johannes 20	Jakobus 1
Josua 15	Nehemia 13	Psalm 71	Daniel 3	Johannes 21	Jakobus 2
Josua 16	Esther 1	Psalm 72	Daniel 4	Apg 1	Jakobus 3
Josua 17	Esther 2	Psalm 73	Daniel 5	Apg 2	Jakobus 4
Josua 18	Esther 3	Psalm 74	Daniel 6	Apg 3	Jakobus 5
Josua 19	Esther 4	Psalm 75	Daniel 7	Apg 4	1. Petrus 1
Josua 20	Esther 5	Psalm 76	Daniel 8	Apg 5	1. Petrus 2
Josua 21	Esther 6	Psalm 77	Daniel 9	Apg 6	1. Petrus 3
Josua 22	Esther 7	Psalm 78	Daniel 10	Apg 7	1. Petrus 4
Josua 23	Esther 8	Psalm 79	Daniel 11	Apg 8	1. Petrus 5
Josua 24	Esther 9	Psalm 80	Daniel 12	Apg 9	2. Petrus 1
Richter 1	Esther 10	Psalm 81	Hosea 1	Apg 10	2. Petrus 2
Richter 2	Hiob 1	Psalm 82	Hosea 2	Apg 11	2. Petrus 3
Richter 3	Hiob 2	Psalm 83	Hosea 3	Apg 12	1. Johannes 1
Richter 4	Hiob 3	Psalm 84	Hosea 4	Apg 13	1. Johannes 2
Richter 5	Hiob 4	Psalm 85	Hosea 5	Apg 14	1. Johannes 3
Richter 6	Hiob 5	Psalm 86	Hosea 6	Apg 15	1. Johannes 4
Richter 7	Hiob 6	Psalm 87	Hosea 7	Apg 16	1. Johannes 5
Richter 8	Hiob 7	Psalm 88	Hosea 8	Apg 17	2. Johannes
Richter 9	Hiob 8	Psalm 89	Hosea 9	Apg 18	3. Johannes
Richter 10	Hiob 9	Psalm 90	Hosea 10	Apg 19	Judas
Richter 11	Hiob 10	Psalm 91	Hosea 11	Apg 20	Offb 1
Richter 12	Hiob 11	Psalm 92	Hosea 12	Apg 21	Offb 2
Richter 13	Hiob 12	Psalm 93	Hosea 13	Apg 22	Offb 3
Richter 14	Hiob 13	Psalm 94	Hosea 14	Apg 23	Offb 4
Richter 15	Hiob 14	Psalm 95	Joel 1	Apg 24	Offb 5
Richter 16	Hiob 15	Psalm 96	Joel 2	Apg 25	Offb 6
Richter 17	Hiob 16	Psalm 97	Joel 3	Apg 26	Offb 7

Notizen und Gedanken

Mein geistlicher Monats-Check

Täglich Bibel gelesen:	1	2	3	4	5	6	7	8	9	10
Tägliche Gebetszeit:	1	2	3	4	5	6	7	8	9	10
Gottesdienst-Besuche:	1	2	3	4	5	6	7	8	9	10
Bibelstunden-Besuche:	1	2	3	4	5	6	7	8	9	10
Hilfe für Geschwister:	1	2	3	4	5	6	7	8	9	10
Dienste in der Gemeinde:	1	2	3	4	5	6	7	8	9	10
Zeugnis für Jesus gegeben:	1	2	3	4	5	6	7	8	9	10
Anfechtungen ertragen:	1	2	3	4	5	6	7	8	9	10
Bitten:	1	2	3	4	5	6	7	8	9	10
Danken:	1	2	3	4	5	6	7	8	9	10
Neue geistliche Erkenntnisse:	1	2	3	4	5	6	7	8	9	10
Ablenkungen nachgegangen:	1	2	3	4	5	6	7	8	9	10

Wofür ich diesen Monat dankbar bin

_____
_____
_____
_____
_____
_____
_____

Das motiviert mich zum Bibellesen

Gebetsanliegen und -erhörungen

Gedanken zu diesem Monat

Bibelleseplan

Kapitel 1	Kapitel 2	Kapitel 3	Kapitel 4	Kapitel 5	Kapitel 6
Richter 18	Hiob 17	Psalm 98	Joel 4	Apg 27	Offb 8
Richter 19	Hiob 18	Psalm 99	Amos 1	Apg 28	Offb 9
Richter 20	Hiob 19	Psalm 100	Amos 2	Matthäus 1	Offb 10
Richter 21	Hiob 20	Psalm 101	Amos 3	Matthäus 2	Offb 11
Ruth 1	Hiob 21	Psalm 102	Amos 4	Matthäus 3	Offb 12
Ruth 2	Hiob 22	Psalm 103	Amos 5	Matthäus 4	Offb 13
Ruth 3	Hiob 23	Psalm 104	Amos 6	Matthäus 5	Offb 14
Ruth 4	Hiob 24	Psalm 105	Amos 7	Matthäus 6	Offb 15
1. Mose 1	Hiob 25	Psalm 106	Amos 8	Matthäus 7	Offb 16
1. Mose 2	Hiob 26	Psalm 107	Amos 9	Matthäus 8	Offb 17
1. Mose 3	Hiob 27	Psalm 108	Obadja	Matthäus 9	Offb 18
1. Mose 4	Hiob 28	Psalm 109	Jona 1	Matthäus 10	Offb 19
1. Mose 5	Hiob 29	Psalm 110	Jona 2	Matthäus 11	Offb 20
1. Mose 6	Hiob 30	Psalm 111	Jona 3	Matthäus 12	Offb 21
1. Mose 7	Hiob 31	Psalm 112	Jona 4	Matthäus 13	Offb 22
1. Mose 8	Hiob 32	Psalm 113	Micha 1	Matthäus 14	Römer 1
1. Mose 9	Hiob 33	Psalm 114	Micha 2	Matthäus 15	Römer 2
1. Mose 10	Hiob 34	Psalm 115	Micha 3	Matthäus 16	Römer 3
1. Mose 11	Hiob 35	Psalm 116	Micha 4	Matthäus 17	Römer 4
1. Mose 12	Hiob 36	Psalm 117	Micha 5	Matthäus 18	Römer 5
1. Mose 13	Hiob 37	Psalm 118	Micha 6	Matthäus 19	Römer 6
1. Mose 14	Hiob 38	Psalm 119	Micha 7	Matthäus 20	Römer 7
1. Mose 15	Hiob 39	Psalm 120	Nahum 1	Matthäus 21	Römer 8
1. Mose 16	Hiob 40	Psalm 121	Nahum 2	Matthäus 22	Römer 9
1. Mose 17	Hiob 41	Psalm 122	Nahum 3	Matthäus 23	Römer 10
1. Mose 18	Hiob 42	Psalm 123	Habakuk 1	Matthäus 24	Römer 11
1. Mose 19	1. Samuel 1	Psalm 124	Habakuk 2	Matthäus 25	Römer 12
1. Mose 20	1. Samuel 2	Psalm 125	Habakuk 3	Matthäus 26	Römer 13

Notizen und Gedanken

Mein geistlicher Monats-Check

Täglich Bibel gelesen:	1	2	3	4	5	6	7	8	9	10
Tägliche Gebetszeit:	1	2	3	4	5	6	7	8	9	10
Gottesdienst-Besuche:	1	2	3	4	5	6	7	8	9	10
Bibelstunden-Besuche:	1	2	3	4	5	6	7	8	9	10
Hilfe für Geschwister:	1	2	3	4	5	6	7	8	9	10
Dienste in der Gemeinde:	1	2	3	4	5	6	7	8	9	10
Zeugnis für Jesus gegeben:	1	2	3	4	5	6	7	8	9	10
Anfechtungen ertragen:	1	2	3	4	5	6	7	8	9	10
Bitten:	1	2	3	4	5	6	7	8	9	10
Danken:	1	2	3	4	5	6	7	8	9	10
Neue geistliche Erkenntnisse:	1	2	3	4	5	6	7	8	9	10
Ablenkungen nachgegangen:	1	2	3	4	5	6	7	8	9	10

Wofür ich diesen Monat dankbar bin

_____
_____
_____
_____
_____
_____
_____

Nach 2 Jahren Bibelstudium: Das hat sich in meinem Leben verändert

Er ist nicht der Gott der Toten, sondern der Gott der Lebendigen; denn für ihn leben alle.

Lukas 20,38

Der wahre Grund des Glaubens

Lebendiger Glaube ist nicht ohne Gefühle, aber er stützt sich nicht auf Gefühle, sondern auf Tatsachen. So antwortet Gott auch mit erlebten Tatsachen der Gebetserhörung dem Glaubensgebet um irdische Hilfe. Er sendet Brot auf den Tisch, Genesung in Krankheit, Er nimmt Schmerzen weg, Er führt verirrte Söhne zurück.

Kinder Gottes fühlen auch ihr Glück, ihren Frieden und können darin überströmend glücklich sein. Sie fühlen auch ihre Liebe zum HERRN, sie fühlen auch den Schmerz, wenn sie den HERRN betrübt oder anderen Gotteskindern weh getan haben. Aber diese Gefühle sind nicht der Grund ihres Heils, ihrer Freude, sondern Folge des Glaubens!

Auch diese Gefühle können wechseln, der Glaube jedoch ruht auf dem unerschütterlichen Wort und den Taten Gottes. Auf die Frage: „Wie kannst du dir sicher sein, dass alle deine Sünden für ewig vergeben sind, dass du den HERRN schauen wirst in Herrlichkeit?", antwortet der Glaube:

Weil Gott es sagt! Lebendiger Glaube stützt sich auf das Wort Gottes.

Biblische Themen untersucht

Thema	Bibelstellen, die zum Thema gehören

> Diese aber waren edler gesinnt als die in Thessalonich und nahmen das Wort mit aller Bereitwilligkeit auf; und sie forschten täglich in der Schrift, ob es sich so verhalte.
>
> *Apostelgeschichte 17,11*

Thema	Bibelstellen, die zum Thema gehören

Denn alles Fleisch ist wie Gras und alle Herrlichkeit des Menschen wie die Blume des Grases. Das Gras ist verdorrt und seine Blume abgefallen;
aber das Wort des Herrn bleibt in Ewigkeit.

Thema	Bibelstellen, die zum Thema gehören

1. Petrus 1,24-25

Thema	Bibelstellen, die zum Thema gehören

> Ich habe nämlich gelernt, mit der Lage zufrieden zu sein, in der ich mich befinde.

Philipper 4,11

Thema	Bibelstellen, die zum Thema gehören

> Aber bei dem HERRN, unserem Gott, ist Barmherzigkeit und Vergebung.

Daniel 9,9

Wichtige Bibelstellen für mich

Bibelstelle	Notizen und Gedanken zu dieser Bibelstelle

> Darum legt ab allen Schmutz und allen Rest von Bosheit und nehmt mit Sanftmut das [euch] eingepflanzte Wort auf, das die Kraft hat, eure Seelen zu erretten!
>
> *Jakobus 1,21*

Bibelstelle	Notizen und Gedanken zu dieser Bibelstelle

> Da schrien sie zum Herrn in ihrer Not, und er rettete sie aus ihren Ängsten und führte sie auf den rechten Weg, dass sie zu einer Stadt gelangten, in der sie wohnen konnten. Sie sollen dem Herrn danken für seine Gnade und für seine Wunder an den Menschenkindern!

Psalm 107:6-8

Bibelstelle	Notizen und Gedanken zu dieser Bibelstelle

> Verkündige das Wort, tritt dafür ein, es sei gelegen oder ungelegen; überführe, tadle, ermahne mit aller Langmut und Belehrung!

2. Timotheus 4,2

Bibelstelle	Notizen und Gedanken zu dieser Bibelstelle

> Da rief Gott der HERR den Menschen und sprach:
>
> Wo bist du?

1. Mose 3,9

Literaturempfehlungen

Dieses Buch ist im Verlag „edition predigt.archiv" erschienen. Unser Ziel ist es, evangelistische und glaubensstärkende Literatur in diesen letzten Tagen der Endzeit zu veröffentlichen. Noch haben wir die Möglichkeit dazu und unsere Hoffnung ist, dass noch viele Seelen Jesus Christus finden und sich für ein Leben mit Ihm entscheiden. Und dass die Seelen, die schon Jesus gehören, für die Zeit, in die wir als gläubige Christen hineingehen, zugerüstet werden.

Alle bisher erschienenen Bücher können auf unserer Internetseite eingesehen werden:

www.edition-predigtarchiv.de

Ebenso kann man sich dort in einen Newsletter eintragen, um über Verlagsneuheiten informiert zu werden.

Lese-Tipp:

Heinrich Dallmeyer
„Der unvermischte Christ –
Wie das tägliche Leben in Heiligung gelingt"

Erhältlich als Taschenbuch, Hardcover und E-Book.

Hinweis:

Der Bibelbegleiter ist auf die Anwendung über 2 Jahre hinweg ausgelegt. Band 2 mit den fortlaufenden Bibelstellen, die sich direkt an diesen ersten Band angliedern, ist bereits in Planung.

Printed in Poland
by Amazon Fulfillment
Poland Sp. z o.o., Wrocław